PHILIPPE CHIBANI-JACQUOT

SECONDE VIE, NOUVELLE CHANCE

Envie, 40 ans d'engagement pour l'économie circulaire et solidaire

{LES Petits matins}

Fédération Envie
10, rue Julien-Lacroix, 75020 Paris
www.envie.org

Fédération Envie

ENVIE

@envie_org

@envie_org

@envie_org

10, rue de Chantilly, 75009 Paris
www.lespetitsmatins.fr

Coordination éditoriale
Camille Dorival

Conception graphique
Adrien Chacon

Couverture
Thierry Oziel

Révision et mise en page
Sylvain Blandy

ISBN 978-2-36383-415-7
Diffusion Interforum-Volumen
Distribution Interforum

Sommaire

Avant-propos

Par Jean-Paul Raillard, président de la Fédération Envie

Le réseau Envie est né à Strasbourg en 1984 avec la création de la première entreprise. Quarante ans plus tard, 53 entreprises font partie intégrante de ce réseau – 60 si on y ajoute les structures Envie Autonomie. L'ensemble emploie maintenant 3 900 salariés dont un peu plus de 2 900 en parcours de retour à l'emploi.

Cette croissance, aussi spectaculaire soit-elle, n'a pas été linéaire ; les créations, nombreuses, de nouvelles implantations se sont accompagnées de plusieurs fermetures douloureuses pour des raisons très diverses. Cependant, la dynamique instaurée dès 1984 dans une volonté d'essaimer rapidement le concept ne s'est jamais démentie.

D'où vient cette dynamique ? Elle est très certainement le fruit d'une alliance on ne peut plus vertueuse entre, d'une part, la forte utilité sociale du projet liant formation par l'insertion et reconditionnement de biens d'équipement vendus à des prix solidaires et, d'autre part, une force entrepreneuriale qui a transformé des passionnés de l'émancipation sociale en chefs d'entreprise brillants et convaincus – j'allais dire brillants car convaincus.

Afin de la rendre gagnante, il a fallu ajouter à cette recette un encadrement réalisé au plus près par une équipe d'Envie Développement (elle a précédé la Fédération Envie), qui a réussi à y intégrer des règles sérieuses de bonne gestion. Il faut souligner aussi, à ce sujet, l'apport des bénévoles de nos conseils d'administration

Ces quatre facteurs de succès sont toujours à l'œuvre en 2024 : utilité sociale maximisée, impact écologique radical, qualité de nos processus de formation et professionnalisme tant technique que de gestion.

Mais Envie, en tant que membre de l'économie sociale et solidaire, se doit d'avoir une gouvernance démocratique. Comment doit fonctionner la gouvernance d'un réseau d'entreprises indépendantes? Il est certain que cette question a agité Envie dès l'origine dans un débat permanent: quel degré d'intégration? Quel équilibre entre décentralisation favorisant les innovations au plus près des territoires et centralisation facilitant le développement de projets communs et la puissance globale du réseau?

Le réseau Envie est un organisme vivant, avec ses réussites et ses échecs, ses périodes d'euphorie et celles de doute, mais dont les femmes et les hommes qui le composent n'ont jamais douté de ses valeurs et de sa place centrale dans la mise en œuvre d'une économie circulaire et solidaire car au service exclusif des citoyens. C'est là sa grande force!

Nous avons souhaité mettre à la disposition d'un public le plus large possible cette histoire des quarante dernières années grâce à ce livre que vous tenez entre les mains. Cela permettra à chaque membre du réseau de s'imprégner de nos racines et de nos valeurs profondes, mais aussi de préparer les quarante années qui vont suivre. Cela permettra aussi au grand public et à nos partenaires de mieux nous connaître, notre discrétion et notre modestie nous ayant longtemps fait office de stratégie de communication.

Un grand merci à Camille Dorival qui nous a proposé ce projet d'édition. Et bien sûr à Philippe Chibani-Jacquot, qui, par sa plume alerte et précise, a réussi à rendre particulièrement vivante la parole de celles et ceux qui ont participé à cette aventure des quatre dernières décennies.

Préface

Par Benoît Hamon, président d'ESS France

C'est avec un vrai plaisir que j'ai accepté de préfacer le livre de Philippe Chibani-Jacquot consacré à l'histoire des quarante premières années d'Envie. Je ne connaissais pas vraiment cette histoire, mais je connaissais bien Envie depuis plusieurs années. Son nom revenait notamment lors des débats sur la loi ESS, Envie étant reconnue unanimement comme la pionnière d'une économie circulaire dont on commençait seulement à parler. Et je ne pouvais rien refuser à Guillaume Balas, délégué général de la fédération Envie et ami proche, qui m'en a parlé fort souvent et avec passion.

D'une idée géniale imaginée à Strasbourg dans le cerveau fécond de jeunes gens issus de milieux très différents est né, en 1984, ce projet d'une modernité inouïe : allier l'insertion par l'activité économique, au service d'une utilité sociale évidente, la vente d'équipements électroménagers à des ménages modestes et la sauvegarde des ressources de la planète – un sujet dont, là aussi, on commençait à peine à parler.

Ce projet n'avait qu'un léger inconvénient : celui d'être peu rémunérateur. Qu'à cela ne tienne, le démarrage de l'activité devait s'accompagner de la recherche de partenaires multiples pour permettre son éclosion. Emmaüs, la Ville de Strasbourg, le ministère de l'Environnement, Darty, l'Europe : tous ont trouvé une raison d'épauler cette initiative dans une période de forte montée du chômage.

C'est un peu, en résumé, l'histoire de l'économie sociale et solidaire, qui défriche des sujets essentiels de notre vie collective mais se fait chiper le projet dès qu'une once de rentabilité future se dessine. Pourquoi cela ? Tout simplement parce que l'ESS cherche sa raison d'investir dans l'utilité sociale de ce qu'elle va produire et tente ensuite de trouver les financements, en interne ou en externe, qui lui seront nécessaires. Le capitalisme tel qu'il fonctionne actuellement, lui, cherchera sa raison d'investir dans la rentabilité immédiate ou à court terme des fonds propres qu'il y aura investi. Le temps n'a fondamentalement pas la même valeur pour ces deux économies, même si la finance à impact a fait évoluer les choses ces dernières années.

L'économie du *care* en est un exemple frappant ; le soin aux personnes (hôpital, Ehpad, assistance aux personnes, etc.) doit porter toute son action sur la qualité des soins et la dignité des personnes : je considère que c'est sa première mission, avant celle de bâtir un modèle économique générant un rendement des fonds investis. L'attention apportée aux personnes vulnérables ne peut pas répondre aux mêmes critères de performance et de rentabilité que le commerce des missiles ou des produits financiers. L'exemple récent du groupe Orpea montre que la dignité des personnes ne pèse pas lourd quand il faut réaliser des économies dans les structures lucratives qui se consacrent au grand âge. Et quand la crise survient, c'est toujours du côté de l'État et des acteurs non lucratifs qu'on va quérir de l'aide.

Les modèles non lucratifs sont aujourd'hui les mieux à même de proposer un modèle économique robuste capable de répondre avec justice, qualité et dignité aux besoins sociaux fondamentaux. L'Europe a inventé le concept des services économiques d'intérêt général, permettant, pour la gestion de prestations essentielles à la qualité de vie, de structurer ce champ par la conjonction d'acteurs publics et d'intervenants privés non lucratifs.

Envie a inventé le reconditionnement des équipements électroménagers et du matériel médical destiné aux personnes en perte d'autonomie, ce qui augmente sensiblement la durée de vie de ces matériels. À ces activités de réemploi se sont ajoutées progressivement celles liées à l'économie de la fonctionnalité, comme la réparation, l'entretien ou la récupération des pièces détachées, qui participent directement à cet allongement de la durée de vie des appareils et permettent ainsi de limiter l'épuisement des ressources. Pourquoi ne pas ajouter ce « soin des choses» à l'économie du *care*, qui engloberait alors les personnes, les objets à forte utilité sociale et la planète? Ce serait une réelle avancée pour cette bifurcation écologique dont nous avons tant besoin et cela ouvrirait des espaces essentiels pour l'ESS.

Lors de ma désignation comme nouveau président d'ESS France il y a quelques mois, j'ai déclaré devant le conseil d'administration qui venait de m'élire que ma feuille de route était claire: il s'agissait de donner à l'ESS la reconnaissance qui lui manque et à laquelle elle a droit. Améliorer et essaimer ses bonnes pratiques. Engager le changement d'échelle. Résister à tous les mouvements qui fracturent la société et nous tourner délibérément vers la transformation écologique de l'économie.

Je pense qu'il y a un désir profond d'ESS dans la société alors que, paradoxalement, la contribution de l'ESS à la richesse de notre pays stagne depuis 2014, ayant du mal à dépasser 10% du PIB. Je sais que cette richesse-là ne se mesure pas seulement en valeur économique marchande, mais aussi en utilité sociale, en impact écologique et en impact démocratique, qui ne sont pas valorisés dans le PIB, mais un cap significatif doit être franchi.

Il est temps que les pouvoirs publics hissent leur niveau de réponse à la hauteur de la contribution réelle de l'économie sociale et solidaire à la société. C'est ce qui a manqué ces dix dernières années et c'est particulièrement vrai dans le champ de l'économie circulaire, où Envie exerce ses activités, un champ qui peine à se structurer. Pourtant, l'économie circulaire constitue une vision et une approche économique globales qui seront vitales pour les prochaines décennies.

Cette intervention doit se faire soit directement, soit par l'intermédiaire d'acteurs disposant d'une véritable délégation de service public (je pense notamment aux éco-organismes des différentes filières, dont il faudrait revoir la gouvernance), en lien étroit avec des acteurs privés non lucratifs et d'autres lucratifs dont la place sera bien définie. Il est urgent que les politiques publiques intègrent cette approche dans le champ de l'industrie verte et de la réindustrialisation, mais aussi dans celui des services de proximité, facteurs de développement des territoires et de lien social.

Il n'est plus possible aujourd'hui d'accepter que l'ESS soit mise de côté dans l'élaboration des politiques publiques : que ce soit celles qui la concernent directement ou les documents à vocation plus stratégique, comme France 2030. Les enjeux tels que la transition écologique supposent de vastes alliances entre les acteurs publics, les structures privées et les citoyens. À l'évidence, l'ESS a toute sa place dans cette alliance. Mieux, elle doit en être le cœur.

Le livre de Philippe Chibani-Jacquot est vraiment le bienvenu car, en racontant l'aventure que furent les quarante premières années d'Envie, il déroule directement – au travers de cette histoire riche et mouvementée – toutes les problématiques que nous venons d'évoquer. Le réseau Envie a eu quarante d'ans d'avance en 1984 et je suis persuadé qu'il conservera cette avance pour les quarante années qui vont suivre, car il coche toutes les cases dont nous avons besoin pour réussir cette bifurcation écologique et sociale.

Alors ouvrez vite ce livre et lisez-le en vous laissant emporter par cette formidable aventure humaine ! Vous en ressortirez plus riche, assurément.

Une camionnette Envie dans les rues de Paris – 2019 / © BH

Introduction
Envie, l'économie circulaire au service d'un projet social

Dès ses premiers instants, l'histoire d'Envie s'est fabriquée aux marges de l'économie. Dans des locaux à la périphérie des villes. Avec des salariés dont plus personne ne voulait. Pour travailler sur des machines de tôle que tout le monde destinait à la benne.

Quarante ans après, l'histoire se raconte comme l'aventure d'hommes et de femmes qui ont retourné les marges pour mieux les ramener au centre. Au centre d'un projet d'associations et d'entreprises enracinées dans les territoires et les enjeux de leur époque. Un projet où l'activité économique est pensée pour la valeur sociale et écologique qu'elle crée, et non pour la valeur des dividendes à verser à des actionnaires lointains.

Au quotidien, l'histoire d'Envie s'écrit à Strasbourg, Rennes, Pessac, Nîmes, Lyon, Dijon, Trappes, Lesquin, Clermont-Ferrand… Plus d'une centaine de lieux gérés par cinquante-deux entreprises d'insertion, partout en France. Des entreprises qui salarient, pendant deux ans au maximum, des personnes en difficulté sur le marché du travail, les forment et leur proposent un accompagnement socioprofessionnel afin de leur permettre de retrouver par la suite un emploi durable. Toutes les structures d'Envie portent le même projet social et environnemental : servir l'emploi local et les salariés qui en ont le plus besoin, mais aussi agir pour l'économie circulaire. Et chacune a sa singularité, liée au territoire où elle a grandi, aux personnes ou aux associations qui en ont façonné les contours.

Certaines sont de petites structures de quelques dizaines de salariés, enracinées dans le tissu associatif local et centrées sur le métier historique de l'« électroménager rénové garanti » (ERG, un sigle à retenir). D'autres emploient plus de trois cents personnes. Elles ont grandi en étendant leur territoire d'action et en diversifiant leurs activités, tout particulièrement dans la logistique et le recyclage des « déchets d'équipements électroniques et électriques» (DEEE, un autre sigle à retenir). Ce qui leur a permis de concurrencer, sur leur territoire, les entreprises traditionnelles telles que Veolia, Suez ou Derichebourg.

D'autres structures d'Envie n'ont cessé de chercher à démultiplier leurs créneaux d'activités en vue d'en faire de nouveaux vecteurs d'insertion et les garants de l'indépendance économique de l'entreprise. Des activités toujours liées à l'économie circulaire: assurer le réemploi des kits de téléassistance pour personnes dépendantes; développer la réparation du petit électroménager; démanteler les écrans de télévision et, aujourd'hui, les panneaux solaires, etc.

Autre exemple: le réemploi de matériel médical tel que fauteuils roulants, déambulateurs, lits médicalisés – ce que le jargon regroupe sous le terme d'«aides techniques». L'activité a été lancée à Angers avant de donner lieu à un déploiement national. Celui-ci est désormais piloté par une société coopérative d'intérêt collectif (Scic), Envie Autonomie, dont les sociétaires sont, entre autres, les structures du réseau souhaitant développer l'activité. Ce modèle de déploiement national est inédit et démontre l'agilité d'un réseau qui a toujours préservé un haut degré de décentralisation. Cette fois, le pilotage national s'est imposé du fait de la nécessité d'harmoniser des pratiques et de répondre au contexte très réglementé des aides techniques. En effet, il s'agit d'outils de soin qui bénéficient d'une prise en charge par la Sécurité sociale et les mutuelles.

Mille et une histoires locales

L'histoire d'Envie est riche de mille et une histoires locales, dont certaines sont racontées au détour de ces pages. Mais ce récit est surtout celui du projet Envie, qui s'incarne tout particulièrement dans l'activité principale et historique des ateliers ERG (revoilà notre sigle!). Comme celui d'Envie 44 à Saint-Herblain, en bordure ouest de l'agglomération nantaise.

Envie 44 est installée au cœur d'une zone d'activité industrielle. Ses vastes locaux jouxtent ceux d'un couvreur, d'un producteur de béton, d'un loueur de matériel de BTP et d'un habilleur de cars et autres véhicules imposants. À l'entrée, des oriflammes vertes flanquées du logo Envie s'élèvent au-dessus de la ligne de crête des hangars anonymes. Elles battent le rappel pour les clients qui arrivent jusqu'ici.

Envie est la seule entreprise de la zone à recevoir des consommateurs dans son magasin d'électroménager reconditionné. Alors il faut être bien visible dans le dédale des voies taillées pour les poids lourds. Il aurait pu paraître plus judicieux de s'implanter dans une zone commerciale tout aussi périphérique que celle-ci mais plus avenante pour les clients. Seulement voilà… Envie n'est pas qu'un distributeur d'électroménager. Derrière la boutique, c'est tout le circuit du réemploi qui se déploie.

Des rangées de lave-linge, réfrigérateurs, gazinières, fours s'étirent tout le long de la zone tampon, entre le quai de déchargement, qui résonne des bruits mécaniques des transpalettes vidant les camions, et la première zone de stockage, où règne un silence de cathédrale. Des arrières poussiéreux, parfois des traces de rouille, un air d'antiquité. D'autres appareils affichent une belle fraîcheur, le hublot lustré, la tôle bien blanche et lisse.

Kévin Lemée remonte l'allée et jette un coup d'œil sur les appareils qui ont fait l'objet d'un premier diagnostic. Il est le directeur des opérations sur l'activité ERG. Cela fait treize ans qu'il est entré à Envie 44. Il a travaillé plusieurs années chez Darty comme réparateur jusqu'à ce que l'appel du travail en atelier l'emporte. «J'ai vu une annonce pour Envie à Saint-Nazaire, je me suis dit: "C'est qui, ça?"» Au départ, Kévin était venu transmettre son savoir-faire; il se découvrira une vocation pour l'insertion par l'activité économique. D'encadrant technique à chef d'atelier, de chef d'atelier à directeur des opérations, il a occupé tous les postes, à Saint-Nazaire, puis à Nantes.

«Quand le produit arrive, nous n'avons aucun élément de son historique», relève Kévin Lemée. Mais cela pourrait changer bientôt, explique Jean-Paul Raillard, le président de la Fédération Envie: «Nous travaillons sur un logiciel maison qui fournira de l'information sur chaque modèle en flashant le code-barres à l'arrivée.»

Pour le moment, c'est un magasinier valoriste qui intervient à cette étape. Le métier a été inventé par Envie et c'est l'une des étapes du parcours des salariés en insertion. «Nous faisons un premier contrôle visuel qui permet de réaliser un tri entre les appareils potentiellement réemployables et ceux qui devront partir au recyclage», résume-t-il. Modèles trop anciens ou connus pour un défaut de conception et difficilement réparables, appareils trop usés... Toutefois, avant de les envoyer au recyclage, on tentera de récupérer des composants qui alimenteront le stock de pièces de réemploi.

À partir du moment où un appareil est qualifié pour le réemploi, il va suivre une marche en avant jusqu'à sa mise en rayon dans le magasin et sur le site de vente en ligne. Démontage, diagnostic de panne ou d'usure justifiant le changement d'une pièce, réparation, nettoyage complet et test de bon fonctionnement. «En moyenne, nous allons passer cinq heures sur un appareil, évalue le directeur des opérations. C'est ce qui fait la différence entre une simple réparation et un reconditionnement: tout est ausculté, diagnostiqué puis réparé.»

La productivité est autant un argument d'équilibre économique de l'activité que de mobilisation des salariés en insertion. Cependant, il n'y a pas de concours de vitesse entre les salariés, juste un indicateur de temps qui aide à évaluer ses progrès. «Nous composons entre des salariés qui viennent d'arriver et ceux qui sont là depuis plusieurs mois et vont plus vite pour atteindre ce temps moyen. Nous ne sommes pas là pour les mettre en difficulté, mais bien pour leur remettre le pied à l'étrier», conclut Kevin Lemée.

Le vaste atelier est divisé en secteurs, afin d'adapter les postes et d'isoler les risques entre le chaud, le froid et les machines à laver le linge ou la vaisselle. Chaque salarié passera plusieurs mois dans chaque secteur, voire restera dans l'un d'eux si c'est là qu'il profite le mieux de son travail.

Un projet avant tout social et environnemental

Des murets qui s'arrêtent à mi-corps délimitent des boxes individuels qui disposent chacun de tout l'équipement nécessaire. Face à un petit réfrigérateur, une jeune femme tourne lentement les pages d'un livret chargé de la guider pas à pas dans les étapes du reconditionnement. Arrivée il y a quelques semaines seulement, elle n'en est pas moins en situation d'autonomie. C'est elle qui assurera la remise en état de l'appareil jusqu'au bout, accompagnée par l'encadrant technique. «On ne spécialise pas les tâches, car c'est ce qui permet au salarié de monter en compétences», explique Kevin Lemée. C'est aussi une question d'efficience de l'organisation. Un parcours d'insertion, c'est d'abord un cadre de remise au travail, et il y a très souvent plusieurs freins à desserrer avec le salarié : retrouver un rythme d'activité régulier, régler un problème de logement, rétablir sa santé, etc. Un atelier vit avec le risque de l'arrêt-maladie ou du coup de pompe des uns et des autres : «Le principe "une machine, un réparateur" est aussi le meilleur moyen d'éviter les ruptures de charge. Si un salarié manque à l'appel, il ne bloque pas toute la chaîne, chacun étant responsable de son appareil», remarque Kévin Lemée.

Ces aléas inhérents au modèle de l'entreprise d'insertion sont en augmentation. «Nous constatons que les salariés en parcours d'insertion se heurtent à des barrières de plus en plus nombreuses, notamment celle de la langue. Cela veut dire que nous devons prendre en compte, dans notre fonctionnement, une intensification de l'accompagnement social et un délai de montée en compétences beaucoup plus long», souligne-t-il.

Voilà l'équation que toute entreprise d'insertion se doit de résoudre au quotidien. Son activité économique est le moteur de sa pérennité, en couvrant *a minima* 70 % de ses ressources, mais le projet social de la structure, qui est d'aboutir à une sortie positive vers un emploi durable ou une formation qualifiante pour ses salariés en insertion, est sa raison d'être. L'un ne va pas sans l'autre.

À l'autre bout du bâtiment, dans un entrepôt où accostent les camions toute la journée, William Jan supervise l'activité logistique de quai d'Envie environnement et emploi (Envie 2E), la filiale qui gère des marchés de collecte de déchets d'équipements électriques et électroniques (les fameux DEEE). On brasse des volumes et on charrie ici des dizaines de tonnes de déchets à séparer et à trier. Principalement des DEEE, mais aussi, depuis peu, des articles de sport usagés qui sont désormais collectés par les distributeurs auprès de leurs clients, dans le cadre d'une filière dite «à responsabilité élargie du producteur». Tout ce qui sort de ces camions part directement au recyclage, car il s'agit de déchets au regard de la réglementation et il n'est plus possible de les sortir de la chaîne.

Cette activité nécessite de gagner les appels d'offres d'éco-organismes tels qu'Ecosystem ou Ecologic. Elle permet d'embaucher des salariés plus éloignés de l'emploi, car elle offre des postes moins complexes techniquement, mais aussi des profils qui auront la capacité de passer les qualifications de chauffeurs. «40% de nos chauffeurs sont en contrat d'insertion», souligne ainsi William Jan. À leur arrivée, le ou la conseillère d'insertion professionnelle évalue s'ils ont besoin d'une remise à niveau sur les compétences de base comme l'écriture, le français, les mathématiques. «Tous les mardis matin, ceux qui en ont besoin ont des cours dans la salle à l'étage [...]. Ici, nous sommes face à des gens qui ont envie d'apprendre, on ne les prend pas pour des numéros», explique William Jan. «On fait du surencadrement, on répète beaucoup les choses, mais on ne fait pas d'assistanat», tient-il à ajouter.

William Jan a travaillé en centre logistique dans la grande distribution avant d'entrer à Envie 2E. Tout comme Kevin Lemée, il a développé la fibre de l'insertion en intégrant Envie: «On muscle notre patience, une capacité d'écoute, de la pédagogie, et aussi une capacité de détachement, car on est face à des gens qui ont des parcours de vie très difficiles.»

Des parcours d'insertion de six mois à deux ans

Nicolas a 38 ans. Cela fait bientôt vingt mois qu'il a commencé son contrat d'insertion chez Envie Anjou. Il travaille dans l'atelier ERG situé à Beaucouzé, en périphérie d'Angers. «Apparemment, je n'étais pas très motivé au début», dit-il en regardant loin devant lui. «C'est vrai que le premier mois est difficile, quand on n'a pas travaillé depuis longtemps. Il faut reprendre un rythme de vie. J'ai 30 kilomètres à faire chaque matin pour arriver ici.» C'est le centre communal d'action sociale (CCAS) et un service d'accompagnement social qui l'orientent vers Envie, alors qu'il est expulsable de son logement.

Nicolas parle vite, s'appuie sur des formules qu'il répète à l'envi pour développer son histoire. Des formules qui semblent l'aider à freiner les chevaux d'un cerveau qui veut toujours aller trop vite. «Je suis de nature très râleur», résume-t-il. Il décrit un CV à trous dans des postes de maintenance informatique: «J'aimais bien la solitude du poste, mais l'itinérance, ce n'était pas mon truc…» Et la désinsertion professionnelle s'installe, jusqu'au revenu de solidarité active (RSA). «Mais ce n'est pas pour la vie, le RSA! Je vis dans un petit appartement sans isolation phonique et proche d'une grande voie de circulation.» Depuis son arrivée, d'ailleurs, il cherche à déménager, «avec l'aide des filles», dit-il pour désigner les conseillères d'insertion professionnelle d'Envie Anjou. Il gagne 1 380 euros par mois et espère obtenir un nouvel appartement bientôt.

Nicolas travaille à la rénovation des appareils de cuisson. C'est ce qui lui convenait. «Après les deux premières semaines, j'étais épuisé! On reste debout très longtemps et puis, quand on voit arriver certains fours… ce sont les écuries d'Augias! Je trouve d'ailleurs qu'ils sont de plus en plus dégoûtants.» Nicolas râle, en effet. Mais il le dit lui-même: «J'ai gagné en autonomie, ça va mieux.» Avant d'ajouter: «Là, on m'impose un quota de six fours à sortir par semaine!» Il sait pourtant que son départ, prévu dans trois mois, sera difficile: «Je n'ai pas bouclé mon projet de formation pour la suite.» Il voudrait retrouver un poste dans l'informatique, mais son diplôme est un peu ancien. «Un de mes chefs, Thibault, m'a parlé des fablabs et ça me tente bien.» Ils cherchent ensemble un stage en immersion pour valider le projet. «Bon, je ne vais pas vous le cacher. Je vais quand même prendre un peu de repos à la fin de mon contrat à Envie!», ponctue-t-il d'un air un brin exténué.

Nicolas est un personnage, comme le sont tant d'autres salariés en parcours d'insertion: accidentés de la vie, profils atypiques. Le propre de l'entreprise d'insertion est d'offrir un cadre d'insertion structuré par la situation de travail, tout en s'adaptant à ce qu'est la personne. Son défi est autant de lever les freins externes à l'emploi que de créer la motivation chez le salarié, de stimuler la mise en mouvement après des années de mise à l'écart.

Une diversification progressive des activités

Envie a construit sa réputation sur l'invention du réemploi du gros électroménager. Mais tous les dirigeants d'Envie que vous croisez vous le diront : la finalité, c'est l'insertion et l'écologie. L'activité économique est le moyen. La force des personnes qui ont fait Envie est de ne jamais avoir eu peur de créer de nouveaux modèles d'activité, tant que ceux-ci servaient la finalité du projet.

Envie Anjou incarne, comme d'autres, cette philosophie qui part de l'utilité sociale pour faire de l'économique. C'est à Angers qu'Envie Autonomie est née, par exemple. À côté des activités traditionnelles de rénovation et de collecte des DEEE, d'autres activités ont été développées. Forte de ses capacités logistiques, Envie 2E assure ainsi des collectes d'encombrants. Une opportunité s'est présentée via Europ Assistance, qui cherchait un opérateur pour réhabiliter ses kits de téléassistance entre deux utilisateurs. Ces kits équipent des personnes dépendantes ou leur logement afin de prévenir les risques en cas de chute lourde ou de malaise. Pour répondre à ce besoin, Envie a créé un petit atelier de trois ou quatre personnes, qui traitent quinze mille kits par an. L'activité, moins lourde sur le plan technique que l'ERG ou le recyclage, offre une nouvelle possibilité dans la palette des parcours d'insertion.

L'autre raison de cette diversification est de s'assurer une indépendance économique en modulant les marchés et les clients. Fanny Gardie, directrice des trois unités Envie dans le Maine-et-Loire (Envie Anjou, Envie 2E 49 et Envie Autonomie Pays de la Loire), explique : « Sur le recyclage des DEEE, nous sommes chahutés tous les quatre ans lors du renouvellement des appels d'offres. Et c'est tant mieux, d'ailleurs. Mais au dernier renouvellement, par exemple, Envie 2E a perdu 11 % de son volume à traiter. » Or, dans l'insertion, les salariés sont tout sauf une variable d'ajustement. C'est pourquoi il faut être capable d'ajuster l'activité ou d'en créer de nouvelles pour alimenter la dynamique d'insertion.

Désormais, Envie 2E gère une trentaine de flux matières (métaux, papiers, plastiques, ameublement) pour des entreprises, mais aussi dans le cadre d'appels d'offres des collectivités. Le dernier arrivé de ces flux est celui des déchets alimentaires, que la loi impose de collecter séparément depuis le 1er janvier 2024. Envie 2E s'est lancée dans cette activité en créant la coopérative In Situ, avec une vingtaine d'acteurs locaux intéressés sur chaque étape de la filière, de la collecte à la valorisation du compost chez les agriculteurs. En deux ans d'activité, Envie a collecté 650 tonnes de biodéchets (restes de cuisines et restes de repas), auprès de 190 clients allant de la supérette aux Ehpad. «Avec In Situ, nous fabriquons un compost normé pour l'agriculture biologique, destiné aux maraîchers locaux», salue Mathieu Martin, directeur stratégie et développement chez Envie 2E. Il détaille: «Ce compost doit être équilibré dans ses apports en azote, phosphore et potassium, en pourcentage de matière sèche; il est vérifié sur le plan des bactéries, des traces de métaux comme le zinc, etc.»

«Ce que tu ne sais pas faire, tu l'apprendras si cela sert le projet social»

Mathieu Martin a suivi une formation de maître composteur pour monter en compétences dans ce domaine. «Nous avons besoin d'être crédibles sur tout ce que nous entreprenons», résume-t-il.

C'est un autre pilier fondamental que l'on découvre en lisant l'histoire d'Envie: ce que tu ne sais pas faire, tu l'apprendras si cela sert le projet social. Tout comme Envie est aujourd'hui obligée d'apprendre à faire face à la concurrence sur l'activité qu'elle a créée il y a quarante ans: désormais, le réemploi des appareils électroménagers intéresse tous les distributeurs et quelques start-up qui se sont lancées sur ce marché. C'est une bonne nouvelle du point de vue de l'économie circulaire, puisque cela signifie que, *a priori*, les volumes de réemploi pourraient augmenter, tandis que ceux du recyclage ou de l'enfouissement, qui ont un impact plus négatif sur l'environnement, pourraient baisser.

Mais ce n'est pas aussi simple car, si la capacité de réemploi va augmenter avec la hausse du nombre d'opérateurs, il faut en même temps que le gisement d'appareils à réemployer augmente lui aussi. «On se dispute le gisement désormais», constate Kévin Lemée à Nantes. Et malheureusement, dans cette dispute, certains aimeraient bien se réserver la meilleure part du gâteau. La meilleure au sens du volume, mais aussi et surtout la meilleure en qualité, celle qui nécessitera un temps réduit et des manipulations simples avant sa remise en vente. «Actuellement, sur 100 appareils qui entrent dans le circuit, on en réemploie 28», explique-t-il. Autrement dit, il faut un peu plus de trois machines usagées pour en rénover une qui finira en magasin. Mais, si les nouveaux acteurs du réemploi décidaient de s'approprier le haut du panier, ce taux affiché par Envie Nantes viendrait à baisser. Pour faire une machine reconditionnée, il ne faudrait pas trois mais cinq machines collectées. Ce qui remettrait en question le modèle économique des ateliers ERG.

Cette guerre du gisement devra se régler par un contrôle accru du respect des règles par les opérateurs et par l'augmentation du gisement disponible. C'est la mission des éco-organismes, dont le principal, Ecosystem, expérimente ce qu'on appelle la «collecte préservante».

Le premier principe de ce type de collecte est de prendre soin des appareils lors des collectes, afin de ne pas dégrader leur qualité. Le deuxième principe est de réaliser un tri des flux qui passent par les centres de collecte des distributeurs et les déchetteries, ou tout du moins avant l'étape du démantèlement, afin de sauver les appareils qui seraient réemployables. Mais, pour cela, il faut autoriser la réalisation des prélèvements d'appareils dans un flux de déchets, ce qui est interdit aujourd'hui.

«On se dispute aussi les techniciens, les réparateurs. C'est un métier en tension, désormais, s'inquiète Kévin Lemée. Un de nos chefs d'ateliers, salarié permanent chez nous, est reparti chez son ancien employeur, une grande enseigne d'électroménager. Ils ne payent pas mieux que nous, mais les primes sont plus intéressantes. Il nous manque encore dans les effectifs.» Alors il faut toujours s'adapter. Sur les salaires, des efforts ont déjà été faits. Par ailleurs, «on pense à la semaine de quatre jours, mais cela ne convient pas à tout le monde».

De nombreux projets sont à l'œuvre parmi les entreprises du réseau pour s'adapter encore et se développer toujours. La Fédération nationale

Envie, elle, travaille sur la représentation des intérêts de chacune d'entre elles auprès des pouvoirs publics, mais aussi des autorités de régulation, pour faire reconnaître la spécificité du «réemploi solidaire», qui développe des activités de réemploi assurées par des salariés en difficulté sur le marché du travail, et pour éviter que le marché n'emporte tout ce qui a été construit sous prétexte que, devenant rentable, il pourrait s'autoréguler. Un des actes forts auxquels la Fédération Envie a participé dans ce sens est la création, en février 2024, d'une Union pour le réemploi solidaire qui regroupe les acteurs de l'économie sociale et solidaire œuvrant dans l'économie circulaire : Envie, mais aussi Emmaüs France ou le Réseau national des recycleries et ressourceries.

Dominique Fièvre, qui dirige Envie 44, résume ainsi les perspectives : «Le projet d'Envie a toujours été chahuté. Mais, tant que nous nous appuierons sur notre histoire, nous pourrons construire son avenir.»

1983-1988
De la genèse strasbourgeoise à l'ambition de la réplication

Entreprise nouvelle vers l'insertion économique : eh oui ! L'acronyme Envie n'est pas composé d'un seul mot, mais de cinq. Cinq mots qui disaient déjà tout du projet social et économique encore à l'œuvre aujourd'hui. À l'instar de cet acronyme qui réunit cinq mots, c'est dans les rencontres croisées de cinq personnes que le projet Envie trouve son origine.

« C'est Pierre Roth qui a trouvé le nom ! » se rappelle sans hésiter Martin Spitz, qui a dirigé l'aventure depuis ses débuts jusqu'en 2001. « Nous l'avons trouvé dans une gargote sur le quai des Pêcheurs [à Strasbourg]. Nous avions organisé un "orage cérébral" sur la nappe, dans le style "il faut trouver un logo vendeur" », raconte Fabien Weiss, l'un des initiateurs.

Ils étaient quatre autour de la table ce jour-là. Aux côtés de Fabien Weiss et Martin Spitz, Pierre Roth, éducateur à la mission locale dans le quartier du Neuhof, et Brigitte Spenner, assistante sociale dans un centre d'accueil pour toxicomanes en postcure. « Mon boulot était d'accompagner des personnes à peu près sevrées afin qu'elles restaurent des liens sociaux et trouvent un logement ou un travail. C'était très compliqué car les toxicos faisaient peur ; la société en avait une représentation très négative », explique Brigitte Spenner. Fabien Weiss travaille à mi-temps avec elle. Alors, quand il entre dans son bureau avec l'idée de monter une entreprise qui embaucherait des personnes en marge de la société, « j'ai sauté sur l'occasion : c'est exactement ce dont j'avais besoin », s'exclame-t-elle.

Des éducateurs qui veulent entreprendre

Nous sommes en 1983. Des éducateurs qui veulent entreprendre, c'est le mariage du feu et de l'eau, mais surtout l'expression du pragmatisme d'une jeune génération qui voit bien qu'il faut trouver des alternatives à ce que propose la société, en panne face à la montée des exclusions et à la fin des Trente Glorieuses.

«On voyait les dysfonctionnements dans notre centre de postcure, explique Fabien Weiss. Voilà des gens qu'on veut sortir de la panade, mais comment tu fais quand ta dépendance t'a sorti de tout circuit professionnel? Alors on voulait proposer un deal: "Si tu veux faire quelque chose, on t'aidera même si tu n'es pas très bon!" Voilà la base de l'insertion par l'activité économique: c'est une façon d'être avec ceux que tu souhaites aider. Tu sors du don de l'action sociale pour aller vers l'échange et la relation donnant-donnant. Ça modifie totalement la manière d'accrocher les personnes que tu as en face de toi.»

Une autre rencontre va créer l'étincelle: celle entre Fabien Weiss et Bruno Lallemand, alors jeune directeur de la communauté Emmaüs de Strasbourg. Celui-ci raconte: «Fabien me dit qu'ils sont plusieurs à vouloir monter quelque chose autour de l'insertion, mais sans objet précis. Moi, j'avais un problème avec le gros électroménager que l'on récupérait à la communauté. Nous le revendions en l'état et nous avions beaucoup de retours.» Cela aurait pu mal tourner si un appareil vendu par Emmaüs causait un accident domestique. «Comme je savais que nous n'aurions jamais les moyens de faire les réparations, je lui ai dit: "Montez un atelier et je vous donnerai l'électroménager que nous collectons".»

Le duo Fabien Weiss et Martin Spitz est né d'une amitié sur les bancs de la faculté. «Sur 450 étudiants en psychologie, nous étions les deux seuls à avoir passé un bac en électromécanique! Nous avons créé notre ghetto assez vite», s'amuse Fabien. «J'ai quatre sœurs. Fabien, c'est le grand frère que je n'ai jamais eu», résume Martin. Issu d'une famille catholique impliquée dans la vie de l'église, Martin Spitz se voit devenir père missionnaire dans sa jeunesse. Il aurait aussi pu reprendre le commerce d'électroménager de son père à Benfeld, au sud de Strasbourg. Il passe d'ailleurs une grande partie de son enfance à bricoler dans l'atelier ou à accompagner son père pour réparer les tubes cathodiques dans les fermes alentour.

Finalement, le jeune Martin substitue les études de psychologie au projet d'entrée au séminaire. «Mais je trouvais ridicule de vouloir être psychologue à 23 ans alors qu'on est débutant dans la vie!» Il poursuit donc ses études avec un DESS en sciences de l'éducation et prend un boulot de surveillant dans un collège. Quand Fabien Weiss vient le chercher avec la proposition de Bruno Lallemand, il a 25 ans.

Pierre Roth, quant à lui, travaille avec une amie de Brigitte Spenner. Il a six ans de plus que Martin et s'occupe d'adolescents au Neuhof, quartier populaire et stigmatisé de Strasbourg. C'est une gageure de s'en sortir quand on en vient. Martin Spitz se souvient: «Il m'impressionnait parce qu'il connaissait déjà tout des circuits des politiques publiques. Il travaillait pour la mission locale pour l'emploi, qui était connue de toutes les associations.» Pierre sera beaucoup plus tard le président de la chambre régionale de l'économie sociale et solidaire (Cress) Alsace, puis Grand Est, avant d'enfiler la veste de l'élu à l'économie sociale et solidaire de l'Eurométropole de Strasbourg.

Les tout débuts de l'insertion par l'activité économique

À l'époque, l'insertion par l'activité économique et les entreprises d'insertion n'existent pas, mais des projets émergent et une structure vient de se monter avec le soutien de la Ville de Strasbourg: le Groupement des associations strasbourgeoises pour l'insertion sociale par le travail (Gasist). Son ambition est justement d'accompagner les projets, de leur trouver des financements et un cadre d'intervention. Cinq projets, dont celui d'Envie, s'y retrouvent. Autant d'innovations sociales aussi pionnières les unes que les autres: un atelier de réparation de vélos afin de créer une flotte de location en libre-service, un service de cyclo-logistique de proximité intitulé Course Éclair, une activité de récupération d'huiles usagées, un service d'entretien d'espaces verts… Tous ces projets étaient lancés par des associations qui cherchaient de nouvelles voies pour améliorer les résultats de leur mission de soutien aux personnes en situation de vulnérabilité.

Le groupe des quatre passe des soirées entières chez Brigitte Spenner à préparer le projet. Martin Spitz possède les connaissances techniques et planche sur l'opportunité d'assurer la commercialisation d'appareils rénovés sous garantie. Au moment de se lancer, on se demande qui prendra la barre : « Nous avions tous les deux un mi-temps et nous aurions pu nous partager le travail pour Envie. Mais c'était Martin le développeur, alors c'est lui qui a pris le poste », raconte Fabien Weiss, qui prendra quant à lui la direction du Gasist pour aller chercher les financements et sera l'interlocuteur des pouvoirs publics.

En juillet 1984, Bruno Lallemand pose 50 000 francs sur la table au nom d'Emmaüs, ce qui permet de financer le poste de Martin Spitz. « C'est à Bruno Lallemand que l'on doit l'idée de la rénovation d'appareils et le premier financement d'Envie. Il a été un défricheur », estime Martin Spitz. Celui-ci, à l'instar de ses compagnons de route, est formé pour l'action sociale, pas pour la gestion d'entreprise. Il achète un manuel de BTS en comptabilité et fabrique un budget qui se tient, pond le premier dossier durant l'été et dépose une demande de financement auprès du Fonds social européen (FSE). Plusieurs millions de francs qui arriveront dans les caisses, mais bien plus tard. Enfin, Pierre Roth obtient de la mission locale d'être détaché deux jours par semaine pour travailler sur les projets d'insertion du Gasist, et donc d'Envie. Brigitte Spenner, qui travaille à mi-temps dans le centre de postcure, s'engage ardemment dans la construction de l'association et assure les débuts de l'accompagnement social des salariés de manière bénévole. Des travailleurs sociaux deviennent entrepreneurs…

L'atelier et le magasin ouvrent à l'automne 1984 au rez-de-chaussée du 13, rue Martin-Bucer, dans le quartier de la gare. Le bureau du Gasist est logé au premier étage. Martin Spitz est payé au smic, mais il n'a que 25 ans et trouve dans ce travail un idéal inespéré, où son sens pratique est mis au service d'un projet altruiste. « À partir de là, je me consacre au projet corps et âme. Il pouvait faire -2 °C dans le bureau en hiver, mais on avait investi dans des outils informatiques, avec une vieille machine IBM pour organiser dès le départ le reporting, les tableaux de bord… C'était très carré, à l'alsacienne ! » Martin et Fabien continueront d'ailleurs de fréquenter l'université pendant deux ans, en cours du soir cette fois, et sortiront diplômés de l'Institut d'administration des entreprises.

Le businessman et la bonne fée

Peu de temps après le lancement, le jeune directeur d'Envie propose à une connaissance de passer au magasin afin qu'elle lui donne son avis. Cette connaissance, c'est Patrick Klein. Sa compagne a été surveillante dans le même collège que Martin Spitz. Un an avant, en novembre 1983, elle l'appelle pour un service : son lave-linge est en panne. Martin vient régler le problème et rencontre Patrick Klein pour la première fois. « Il était avec des amis et je lui parle du projet Envie. Il me questionne sur un ton un peu moqueur. J'étais rouge comme une tomate. » Patrick Klein est alors un cadre de Darty pour l'est de la France, promis au plus bel avenir. Il s'est formé à Sciences Po, a préparé l'ENA… Mais le groupe Auchan, en plein boom de la grande distribution, est venu le débaucher pendant sa formation. Il y passe trois ans avant d'intégrer Darty en 1980. Il n'a alors que 23 ans. « En novembre 1983, je rencontre Martin, qui est aux antipodes de ce que je suis. Enfin, c'est ce que je pensais. Lui se centrait sur l'économie sociale et moi sur la consommation de masse. Et finalement Envie va devenir notre catalyseur. »

Lors de la visite, Patrick Klein donne des conseils sur les gammes de prix : « Il y avait des choses qui déconnaient. » Mais il trouve le concept génial – « même si le magasin était un taudis », se souvient Martin Spitz. « Personne n'y avait pensé ! » s'enthousiasme le cadre de Darty. « Je savais qu'il y avait un marché noir des appareils non neufs, qui se vendaient à la sauvette. C'était désorganisé, mais il y avait une demande. Il faut se rappeler qu'à l'époque une machine à laver était un produit coûteux. Darty vendait la moitié de ses articles à crédit. Par ailleurs, l'enseigne avait déjà mis en place la récupération des vieux appareils chez ses clients. Le concept venait des États-Unis. Mais on payait très cher pour dégager ces "déchets", alors que les machines n'étaient pas toujours en panne. D'ailleurs, les livreurs se servaient souvent dans ces produits. Nous n'avions pas de suivi informatisé des stocks. Donc j'ai tout de suite vu dans Envie une solution qui était utile autant à Darty qu'à la société. Il y avait une conjonction fabuleuse à jouer !»

Martin et Patrick deviennent amis, mais ce dernier part prendre un poste à Marseille, toujours chez Darty. Martin va régulièrement chercher des conseils auprès de Patrick. «Mais je ne rencontre pas les autres. J'ai été soupçonné d'opportunisme par certains assez rapidement. J'étais le méchant capitaliste face à une équipe composée exclusivement de travailleurs sociaux.» Patrick restera donc en retrait de l'histoire d'Envie, jusqu'à convaincre Martin Spitz et Pierre Roth de créer une deuxième unité Envie à Marseille. Cette fois, Darty entrera vraiment dans le jeu.

En attendant, une fée se penche sur le berceau d'Envie dès les premiers jours de sa courte vie. Il s'agit de Jacques Desproges. Un nom connu aujourd'hui dans le milieu de la solidarité, puisqu'il a notamment été le président d'Emmaüs Défi durant six ans. En 1983, Jacques Desproges travaille au cabinet d'Huguette Bouchardeau, secrétaire d'État à l'Environnement du gouvernement Mauroy, qui passera au rang de ministre dans le gouvernement Fabius en 1984. «J'étais chargé d'évaluer des projets qui sollicitaient des subventions dans le cadre du nouveau programme Emploi et environnement, destiné à créer des gisements d'emplois, alors que la désindustrialisation faisait des ravages», indique Jacques Desproges. Ce programme était financé par le Fonds d'intervention pour la qualité de la vie (FIQV), un organisme interministériel de soutien aux opérations de protection de la nature et de l'environnement.

«Quand je me suis rendu à Strasbourg, Envie menait encore deux activités : la réparation de vélos et la rénovation d'électroménager», raconte Jacques Desproges. Le premier dossier d'Envie en mentionnait même une troisième, une idée de Martin Spitz qui ne prendra finalement jamais forme : la fabrication de lampes halogènes en réemployant (le terme n'existait pas encore) les transformateurs 12 volts qu'on trouvait dans les téléviseurs. «Une pièce coûteuse dans les luminaires», justifie Martin Spitz. «J'ai tout de suite tilté sur l'électroménager rénové garanti, explique Jacques Desproges. Il y avait une politique de prix, de recrutement, des idées de développement, et il y avait ce mélange d'expertise métier sur l'électroménager et de formation psycho-clinique. C'était totalement atypique. Une conjonction assez extraordinaire!» Emballé par l'innovation que représente Envie, Jacques Desproges rédige son rapport. «J'avais demandé 50000 francs, il m'a dit "il te faut 150000!"», se rappelle Martin Spitz. Ce sera donc 150000 francs. De fait, Jacques Desproges avait remis son rapport à Marie-Magdeleine Hilaire-Dughera, qui dirigeait le programme Emploi et environnement. Il l'avait convaincue de faire un pas de côté par rapport aux limites du programme. Elle avait suivi son conseil et attribué 150000 francs à Envie. Marie-Magdeleine Hilaire-Dughera s'engagera d'ailleurs bien plus tard en devenant administratrice bénévole d'Envie Paris.

Jacques Desproges, quant à lui, restera toujours proche de l'aventure, notamment dans ses activités de consultant au sein de son cabinet Terra. Il deviendra rapidement l'une des pointures de l'économie circulaire en France et donc une personne d'influence, réalisant des missions pour Envie comme pour la plupart des industriels qui auront à se préoccuper de leur impact environnemental et de celui de leurs produits. Par la suite, il jouera un rôle essentiel au moment où il faudra défendre la place des pionniers de l'ESS quand les filières économiques sur les DEEE se structureront. Nous en reparlerons.

Un lancement sous des cieux favorables

Le lancement d'Envie se déroule donc sous des cieux favorables. L'équipe fondatrice est très jeune mais dispose d'attaches solides dans le milieu de l'insertion et du travail social strasbourgeois. Emmaüs est prêt à porter le lancement du projet et apporte de la matière première, la Ville de Strasbourg le soutient, ainsi que l'État qui en voit le potentiel innovant.

Si Martin Spitz est le premier salarié d'Envie, il a fallu rapidement embaucher un chef d'atelier. Un mouton à cinq pattes pour projet atypique. «Martin s'y connaissait bien, mais il fallait aussi un pro, capable d'assurer le relationnel avec les salariés dans l'atelier, raconte Bruno Lallemand. On a eu un entretien avec Monsieur Galleazi à la communauté Emmaüs. Il était du métier et venait de Mulhouse. On l'a mis en situation avec des compagnons qui avaient pour mission de faire l'inverse de ce qu'il leur demandait. Et j'ai observé comment il se dépatouillait. À la fin, je lui pose une dernière question qui n'avait rien à voir : comment on sait qu'un pédalier est usé ? Il me répond tout de suite "quand les dents deviennent pointues". Je lui posais la question parce qu'Envie faisait aussi un peu de réparation de cycles. Mais le plus important était qu'il en savait beaucoup plus que son métier. Et des gens comme ça, il nous en faut toujours», conclut Bruno Lallemand.

C'est ainsi que les premières machines rénovées dotées d'une garantie de six mois seront vendues par Envie au 13, rue Martin-Bucer, profitant ainsi à des personnes qui n'auraient pas pu s'endetter pour en acheter de neuves. Le magasin ouvrait autant les portes à des personnes qui étaient éloignées de l'emploi qu'à des familles modestes qui pouvaient accéder à moindre coût à des équipements ménagers. Nombre de jeunes ménages strasbourgeois pourront s'équiper avec Envie.

Très vite, l'idée s'installe qu'Envie à Strasbourg n'est que le premier d'une longue série. L'essaimage est d'ailleurs mentionné dans l'objet social des statuts de l'association strasbourgeoise. Et dès 1985, un débat s'anime pour savoir s'il est opportun de déposer la marque Envie. Un dépôt «sous forme de marque collective avec un règlement d'usage», précise Martin Spitz. L'objectif de ce dépôt de marque : éviter que le concept soit détourné par d'autres à des fins uniquement commerciales. La marque Envie est alors rattachée au projet social et d'insertion. Toute structure franchisée aurait donc à respecter cette raison d'être.

Cette sécurité étant posée, elle ne ferme pas un autre débat interne sur l'équilibre à assumer entre une activité économique génératrice de revenus et la capacité à intégrer des personnes de peu à très éloignées des conditions requises pour tenir un emploi. «Certains se retrouvaient moins dans les ratios de nombre de machines à laver à vendre et les dépenses d'investissement à effectuer que dans les enjeux d'accompagnement social», décrit Martin Spitz. L'arbitrage va toutefois pencher assez rapidement pour un principe fort qui résonne encore dans toutes les entreprises d'insertion :

«Plus on fera de l'économique et plus nous aurons la capacité de faire du social. Les deux tiers de nos ressources doivent provenir de notre chiffre d'affaires.» Un autre principe fera moins école par la suite : l'accompagnement social externalisé. «Les travailleurs sociaux étaient déjà installés dans l'écosystème. Nous avions à créer les partenariats mais, ensuite, l'idée était que le salarié en insertion se rende par lui-même dans la structure d'accompagnement, qui était extérieure à Envie. C'était une modalité de l'autonomisation du salarié, comme de l'inviter à se rendre chez le médecin», explique Martin Spitz.

Le règlement d'usage de la marque est établi en 1986. «Nous avions prévu les conditions d'accès à la marque et les clauses de retrait. Nous n'avions prévu aucune sanction intermédiaire !», regrette Martin Spitz. «C'était le principal défaut de notre règlement, car on passait directement de la plume à la bombe atomique.»

Envie essaime à Marseille

À Tours, la communauté Emmaüs envisage de reproduire le modèle d'Envie. Il verra bien le jour mais, avant Tours, il y aura Marseille. Ce n'est pas un détail car, si Marseille est la deuxième ville où s'installera Envie, c'est parce que Patrick Klein y travaille depuis 1984 comme directeur des achats chez Darty. En 1986, il passe directeur des ventes sur toute la région Sud et entre au comité de direction. Un sujet occupe ce Codir : la «coule». Un terme mystérieux pour désigner l'écoulement des appareils récupérés au domicile des clients Darty pour être revendus sur un marché parallèle. «Nous savions que, bien souvent, les objets récupérés n'étaient pas définitivement en panne. Mais nous les appelions "produits en fin de vie". Or le recyclage nous coûtait cher et, en même temps, on savait qu'il y avait des points de vente informels des produits Darty dans les quartiers populaires. Ça se faisait d'ailleurs avec les camions Darty !» raconte Patrick Klein. «Moi je leur donne la solution : créer Envie à Marseille. Jean-Michel Roy, le directeur régional, est d'accord tout de suite, et l'insertion ça lui parle. Il me dit : "tu te débrouilles pour les faire venir".»

Martin Spitz et Pierre Roth font plusieurs voyages à Marseille en 1987 pour avancer sur le projet : « On partait en voiture, une GS, avec l'ordinateur dans le coffre », raconte Martin Spitz un brin nostalgique. Bruno Lallemand viendra aussi faire le lien avec les collectivités et les communautés Emmaüs de Pointe-Rouge et de Cabriès. Mais la perspective d'ouvrir à Marseille provoque un débat. Car la différence fondamentale avec Strasbourg, c'est l'approvisionnement que Darty garantit à Envie. C'est une véritable opportunité de marché. Envie Marseille bénéficierait de l'apport de Darty et des deux communautés Emmaüs, il y aurait de quoi faire du stock, mais n'était-ce pas aussi un pacte avec le diable du grand capital ?

Martin Spitz n'envisage pas de quitter l'Alsace au début du projet marseillais. Pierre Roth est positionné pour gérer le développement d'Envie, c'est à lui de conduire le projet. Mais Patrick Klein insiste : pour que Darty s'engage, Martin doit prendre les rênes à Marseille. Le départ de Martin est perçu comme une trahison par les plus méfiants et Patrick Klein est désigné comme le grand corrupteur du projet. Il raconte : « Je suis venu un soir à Strasbourg pour subir un véritable procès en moralité. J'ai fait changer d'avis quelques personnes qui avaient pu entendre, enfin, les deux versions de l'histoire. Je l'ai fait pour que Martin garde de bonnes relations avec Strasbourg. »

La suspicion pouvait toutefois s'entendre. Même si Darty était une entreprise familiale, dirigée par des « patrons de gauche », l'ambiance politique est justement à la division à gauche. Après la victoire de François Mitterrand en 1981, le choix de l'austérité, alors que le taux de chômage ne cesse de grimper, le départ du gouvernement des ministres communistes et l'avènement du capitalisme débridé avec Bernard Tapie en tête de gondole ternissent l'ambiance. D'ailleurs, en 1987, c'est la première cohabitation et Jacques Chirac est Premier ministre de François Mitterrand. Pour des militants de la cause sociale tels que les membres du premier cercle d'Envie, les accointances de son dirigeant avec une grande entreprise étaient perçues *a minima* comme une liaison dangereuse.

Au-delà des clivages idéologiques qui s'expriment au sein d'Envie, Martin Spitz et Bruno Lallemand cultivaient des visions différentes du modèle de développement. Pour Bruno Lallemand, il fallait s'appuyer sur le réseau des communautés Emmaüs et s'inspirer de leur fonctionnement : adhésion au projet de l'abbé Pierre, mais, pour ce qui était de l'action et de la gestion, c'est l'autonomie qui prévalait. Martin Spitz, lui, était plus pragmatique et identifiait la nécessité de créer un modèle de développement plus centralisé, afin d'optimiser l'essaimage. Il y avait l'envie d'aller vite tout en maîtrisant les créations d'unités. En partant à Marseille, Martin Spitz ambitionne donc de créer non pas une deuxième Envie, mais la version 2 d'Envie – le prototype du développement futur.

Pour autant, il n'y a pas de schisme. L'association Envie Strasbourg est membre de droit d'Envie Marseille. « Nous avons demandé à Envie Strasbourg l'autorisation d'utiliser la marque Envie », précise Patrick Klein. Et le modèle marseillais valide un jeu à trois entre l'association locale Envie, les communautés Emmaüs et Darty, sans oublier la Ville de Marseille afin d'ancrer le projet sur le territoire.

Envie Marseille signe une convention avec la direction régionale de Darty, qui garantit un approvisionnement durant trois ans. La première livraison arrive en janvier 1988 et c'est le début de l'aventure. La presse locale s'empare du sujet, et cette mise en lumière incite Patrick Klein à mettre la direction parisienne de Darty dans la boucle. « Je n'étais pas sûr que Philippe Francès, le directeur général de l'époque, nous suive », se souvient-il. Le projet est pourtant adoubé. Philippe Francès ne voit aucune concurrence dans l'apparition d'Envie. Au contraire, l'initiative s'adresse à un autre public que la clientèle de Darty et un tel projet adhère à sa vision d'une entreprise qui doit avoir un rôle social autant que créer de la valeur économique. Résultat, le projet marseillais propulse Envie vers un partenariat national avec Darty. Mais sans convention cette fois. « Un contrat, cela se rompt, donc ça ne protège de rien », explique Jean-Noël Labroue, qui est alors à la tête de la direction informatique et logistique de Darty.

Tout se passera avec un serrage de mains « entre hommes ». Jean-Noël Labroue a identifié très vite, comme Patrick Klein, la valeur du projet d'Envie et l'intérêt pour son entreprise : « Darty cultivait un objectif de performance dans les magasins et dans la livraison, doublé d'une vision humaniste.

À l'époque on ne faisait pas de différence entre l'importance de la motivation de nos collaborateurs et la nécessité d'exigence de service dans notre métier. Nous étions les premiers collecteurs de ferraille d'Europe, en récupérant des produits chez six clients sur dix.» Jusqu'à ce qu'Envie leur offre une autre solution. Jean-Noël Labroue, qui prendra la direction générale de Darty quelques années plus tard, prolongera les liens avec Envie et siégera au conseil d'administration de la future fédération. Il sera aussi parmi ceux qui participeront à d'autres aventures de l'économie sociale et solidaire, comme la création du groupe Ares.

Faire du bruit autour de l'engagement de Darty

Ce partenariat propulse l'objectif de développement national d'Envie que projettent Martin Spitz, Patrick Klein et Pierre Roth. Ils ont d'ailleurs créé en 1989 Envie Développement, l'association chargée de coordonner l'essaimage. Mais le risque de voir Darty se retourner au milieu du chemin, coupant le robinet de l'approvisionnement, les incite à renforcer le lien. Leur technique : faire le plus de bruit possible autour de l'engagement de Darty auprès d'Envie. Et ça marche. Les reportages et les articles se multiplient au niveau national autour de cette initiative économique et solidaire en même temps. Dès lors, si Darty devait changer de voie, ce serait mauvais pour son image. «Certains ont cru que Darty faisait de la communication à bon compte sur le dos d'Envie, mais en fait c'était l'inverse !» rigole Martin Spitz.

Revers de la médaille : une telle alliance entre l'action sociale, non lucrative, et un groupe commercial est totalement inédite et donc suspecte. La Direction de l'action sanitaire et sociale, qui était le premier financeur de l'accompagnement social, trouve cela louche et s'inquiète. Le Fonds social européen ouvre une enquête sur une forme de détournement de sa subvention pour un projet social au bénéfice de la formation professionnelle de futurs salariés de Darty car, de fait, Envie parvient à placer ses salariés en fin de parcours d'insertion comme réparateurs chez Darty, qui manque de bras. «À l'époque cela choquait. Aujourd'hui on ne peut plus faire autrement», remarque Martin Spitz. C'est le lot des pionniers et des défricheurs. Le soutien des pouvoirs publics servira à dépasser ces obstacles et même à construire l'architecture de l'insertion par l'activité économique qui émergera au début des années 1990, avec l'appui de Claude Alphandéry, qui avait l'oreille de Michel Rocard, alors Premier ministre.

Mais si Envie fait tant école, c'est aussi parce que l'initiative répond aux trois piliers d'un concept qui commence à prendre de la place dans le débat public : le développement durable. «Sur le plan environnemental, nous sortions des déchets de la benne pour leur donner une seconde vie ; sur le plan économique, nous permettions à des familles de s'équiper à moindre coût ; et sur le plan social, nous accompagnions l'insertion des salariés», résume Martin Spitz.

Les candidatures pour reproduire Envie un peu partout en France se multiplient. Des porteurs de projets, des collectivités se positionnent. Envie Marseille tourne et c'est le moment pour Envie Développement d'agir.

L'atelier rue Martin-Bucer à Strasbourg – 1984 / DR

Le magasin rue Martin-Bucer à Strasbourg – 1985 / DR

L'espace de stockage d'Envie Strasbourg – 1984 / DR

Martin Spitz, Patrick Klein et Pierre Roth,
trois des fondateurs – 1990 / DR

L'équipe d'Envie à Lingolsheim – 1988 / DR

Deux collaborateurs inspectent une cuisinière dans l'atelier de Marseille / DR

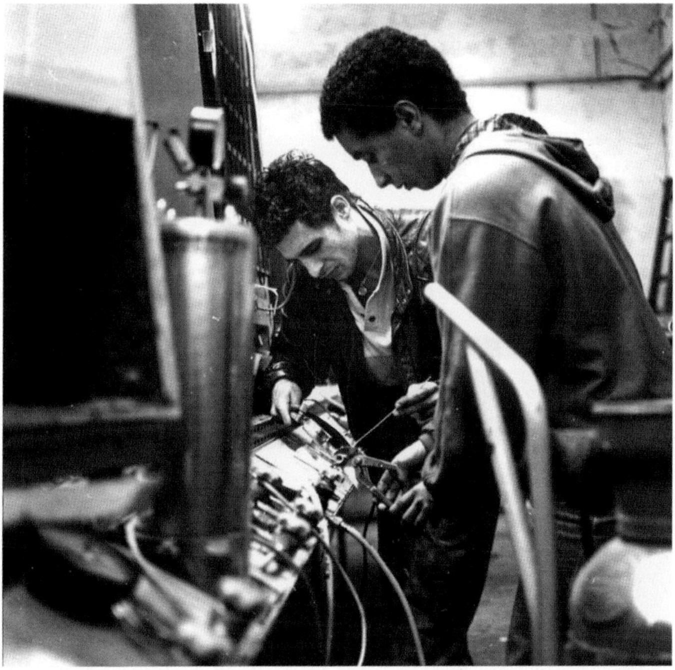

Deux employés travaillent sur un équipement électroménager à Marseille / DR

En famille, à Envie Marseille, à la recherche
d'un équipement rénové et garanti / DR

Dans les rayons du magasin marseillais,
où les clients scrutent les cuisinières / DR

1989-1998
Un essaimage progressif

« Le RMI, ça fait manger mais ça ne sort pas un mec [des problèmes] ; au contraire, ça l'accable. Je le sais, j'en viens ! Et dans la société, si tu touches le RMI, tu n'es rien. Mais si à côté du RMI on te fait connaître une chose nouvelle, on t'aide à trouver un travail, comme ici à Envie, alors tu te sens mieux. Je vous avoue, depuis que j'ai cette place, je suis content. Parce que je peux passer mon permis, je peux être bien vis-à-vis des gens. J'ai remarqué que je parle mieux aux gens parce que je suis heureux. Je peux marcher la tête haute ! »

Ces mots de François, jeune père de famille, salarié d'Envie à Marseille[1], datent de 1996. Ils résument l'intention originelle de l'insertion par l'activité économique. Avant la qualification, avant la montée en compétences, l'entreprise d'insertion sert d'abord à se remettre debout, à reprendre de la hauteur sur sa vie pour mieux repartir. « C'est comme ça que fonctionne, l'insertion. Concrètement, 85 % de ta réussite dépend de ton retard le matin », résume Philippe Fieux, qui fut le premier directeur d'Envie à Nantes.

Ce n'est pas un hasard si ce sont des éducateurs, des travailleurs sociaux, qui ont façonné l'insertion par l'activité économique. L'entreprise n'est que le support de l'insertion, érigée en objectif social. Néanmoins, il faut savoir manier l'entreprise, faute de quoi le projet social n'a plus son support. Comme toute autre entreprise, l'entreprise d'insertion suppose une activité qui répond à une demande, avec une offre de biens ou de services, des coûts de revient, des process de production, des tableaux de bord comptables et de suivi de l'activité, des indicateurs de performance, un seuil de rentabilité.

1. Dans la vidéo « Et si les entreprises d'insertion n'existaient pas », réalisée par l'association Moderniser sans exclure, 1996.

Les éducateurs sont devenus des chefs d'entreprise. Certains en avaient les qualités et les compétences dès le départ ; une nature entrepreneuriale, diront d'aucuns. D'autres les ont acquises sans jamais oublier ce qui les avait amenés là – le projet social –, même quand il y a eu l'ambition de créer un modèle quasi industriel de réplication des unités Envie.

Le projet d'essaimer était inscrit dans les premiers statuts d'Envie Strasbourg. Les fondateurs étaient prévoyants et confiants dans le potentiel de leur idée. Le modèle de réplication a suivi un cheminement qui a été sujet de débats et de divergences de vues. Pour schématiser, il y avait les partisans d'un développement très horizontal inspiré du réseau Emmaüs, où les communautés sont attachées à leur autonomie, et les partisans d'un développement plus centralisé et vertical, avec l'idée d'« industrialiser » la reproduction du modèle.

Sortir des cases pour inventer son propre modèle

Envie a finalement forgé un modèle singulier qui combine cette double culture. C'est d'ailleurs souvent le cas dans l'économie sociale et solidaire, qui oblige à sortir des cases et à fabriquer sa propre maison. Dans cette histoire, la maison s'appelle Envie Développement et s'installe à Marseille en 1989.

Martin Spitz, Patrick Klein et Pierre Roth forment le trio principal de l'association, conçue comme la rampe de lancement de la duplication d'Envie sur tout le territoire. Elle se dote de trois missions principales : porter la réflexion stratégique du développement, orchestrer l'intégration des nouveaux projets et créer les outils de contrôle permettant de prévenir le risque de dévoiement de la marque. Le développement du réseau est rapide. Cinq ans plus tard, 16 « Envie » ont été créées ; 25 à la fin des années 1990. Les raisons de cette croissance sont multiples.

Tous ceux qui ont contribué à faire Envie, que ce soit le modèle originel qu'est Strasbourg ou la V2 de Marseille, sont alors à la table d'Envie Développement. La plus grande force de ce projet est sûrement d'être parvenu à réunir autour d'un objet commun des profils aussi différents sans que jamais les raisons de se diviser ne prennent le pas sur les causes à défendre. De la bande d'éducateurs et d'assistantes sociales lucides sur la nécessité de sortir du cadre de l'action sociale traditionnelle (Brigitte Spenner, Fabien Weiss) à ces dirigeants de l'une des réussites les plus éclatantes de la société de consommation, Darty, fascinés par un concept en avance sur son temps (Jean-Noël Labroue, Philippe Francès), sans oublier le mouvement Emmaüs, qui incarne alors une éthique de la fraternité et aiguillonne fortement la société sur les inégalités qu'elle concède au nom de l'économie de marché.

La force de conviction et la complémentarité des trois initiateurs d'Envie Développement, Pierre Roth, Patrick Klein et Martin Spitz, est le ciment qui fera tenir l'édifice. Pierre Roth est le responsable du développement. Il assure la direction d'Envie Paris (basée à Mitry-Mory, non loin d'une plateforme logistique Darty) avant de prendre son bâton de pèlerin. Partout où une collectivité, une association, une personne souhaite reproduire le modèle Envie, Pierre Roth s'y rend. Il rencontre, fait le lien avec les collectivités qui pourraient apporter des fonds, aider à trouver des locaux vastes et peu onéreux. Patrick Klein préside Envie Développement et apporte sa vision de la filière pour optimiser l'activité et maîtriser le développement. Martin Spitz, quant à lui, quittera Envie Marseille pour prendre la direction des opérations d'Envie Développement en faisant la synthèse entre l'efficacité économique et l'efficacité sociale.

Face au chômage de masse, la création du RMI

En 1989, le mur de Berlin tombe ; le capitalisme est triomphant ; des voix pour une mondialisation des échanges se font entendre, appelant à créer les nouveaux « leviers de croissance ». C'est aussi l'année de la mise en œuvre du revenu minimum d'insertion (RMI) par le gouvernement de Michel Rocard, nommé après la réélection de François Mitterrand en mai 1988.

Le RMI est la première grande réforme sociale de ce début de mandature. Sa mise en place marque l'aboutissement d'un long débat dans lequel s'inscrit l'émergence de l'insertion par l'activité économique. De fait, l'État-providence associé à la croissance économique des Trente Glorieuses n'a pas suffi à éradiquer la pauvreté. Dès 1974, Lionel Stoléru, économiste et conseiller du président de la République Valéry Giscard d'Estaing, publie *Vaincre la pauvreté dans les pays riches*. Il y avance l'idée de mettre en place un «impôt négatif» afin d'assurer un niveau de vie décent à chaque individu – il sera l'un des ministres d'ouverture des gouvernements Rocard afin de peser, justement, pour la création du RMI.

D'autres voix s'ajoutent au débat émergent, comme celle du père Joseph Wresinski, le fondateur d'ATD-Quart monde. Lorsque la vague du chômage de masse fait exploser le nombre de demandeurs d'emploi (un million en 1976, 2 millions en 1983), la perspective de l'éradication de la pauvreté est recouverte par le défi de combattre la «nouvelle pauvreté» qui touche désormais les jeunes actifs, les parents isolés, les femmes sans qualification, les travailleurs immigrés et leurs enfants… En 1987, le père Wresinski publie au nom du Conseil économique et social un rapport intitulé «Grande pauvreté et précarité économique et sociale». Il y détaille sa proposition d'une «allocation mensuelle différentielle» qui garantirait à chacun un niveau plancher de ressources, «élément de sécurité indispensable pour s'engager dans un processus d'insertion».

Ce rapport contribuera à imposer l'idée du RMI dans le débat politique. Il contient aussi des propositions de «soutien à la création d'entreprises et d'associations intermédiaires», terme utilisé à l'époque pour désigner les diverses initiatives associatives d'«insertion par l'économique». La loi établissant le RMI est votée à la quasi-unanimité et promulguée le 1er décembre 1988. L'opposition de droite a accepté de voter pour le principe de l'allocation minimum si des contreparties étaient demandées aux bénéficiaires. Le gouvernement, qui défend l'inconditionnalité du RMI, transige en ajoutant l'idée d'un contrat qui engage le bénéficiaire à contribuer par des actes positifs à sa propre réinsertion. Sur le plan politique, c'est une victoire pour Michel Rocard. Encore fallait-il donner forme à ce volet insertion du RMI.

Claude Alphandéry, ancien résistant, figure tutélaire de l'ESS disparue en mars 2024 à plus de 101 ans, était un proche de Michel Rocard. Il racontait souvent comment, durant l'hiver 1989, alors qu'ils sont suspendus au-dessus des pistes de ski dans une télécabine en panne, il éclaire le Premier ministre sur ces entreprises d'un nouveau genre (dont Envie) qui offrent un vrai tremplin vers l'insertion. À la suite de cette conversation, le Premier ministre confie à Claude Alphandéry la rédaction d'un rapport sur «l'insertion des chômeurs par l'activité économique». Deux ans plus tard, en 1991, un cadre juridique est fixé pour l'insertion par l'activité économique (IAE): les modèles de l'entreprise d'insertion et de l'entreprise de travail temporaire d'insertion sont officialisés avec un financement public sur la base d'une «aide au poste» (c'est-à-dire un financement public forfaitaire pour chaque poste d'insertion créé), le Code du travail fait mention de l'IAE et Claude Alphandéry prend la présidence du Conseil national de l'insertion par l'activité économique (CNIAE), chargé d'orchestrer le déploiement de cette nouvelle politique publique en lien avec les conseils généraux et les organisations professionnelles.

L'environnement réglementaire devient favorable à l'IAE et l'essaimage d'Envie va en bénéficier. Juste retour des choses pour une entreprise qui a contribué à créer le modèle, à l'instar d'autres structures pionnières, comme Vitamine T dans le Nord, avec Pierre de Saintignon et André Dupon, ou le groupe ID'EES en Bourgogne, avec Pierre Choux.

Cette histoire confirme un schéma récurrent des modes de faire de l'économie sociale et solidaire: d'abord agir sans attendre que la route soit dégagée pour résoudre un écueil du système; puis s'appuyer sur ses succès pour démontrer la pertinence du modèle et faire bouger les lignes; enfin rebondir sur les difficultés pour transformer le cadre institutionnel, réglementaire ou économique afin de favoriser l'essaimage.

La connexion avec les dirigeants de Darty va ouvrir aussi quelques portes politiques. En 1991, toujours, Martine Aubry est ministre du Travail et cherche à réconcilier les entreprises avec la question sociale. Elle-même, après une carrière de haut fonctionnaire, vient de faire un passage dans l'industrie aux côtés de Jean Gandois, le directeur général du groupe Pechiney (aluminium, chimie...). Elle s'appuie sur quelques grands patrons, dont les frères Francès, qui dirigent Darty. «Alors qu'elle est ministre, je reçois un appel des services de Matignon qui cherchaient des illustrations de cette réconciliation. C'est comme ça qu'Envie fait l'objet d'un reportage qui sera diffusé au journal de 20 heures de TF1 », raconte Patrick Klein. Martine Aubry quitte le ministère du Travail en 1993 et suscite dans la foulée la création de la Fondation Agir contre l'exclusion, avec les patrons de Danone, de Darty, de Pechiney ou encore du Club Med. Cette fondation se donne pour objet de mobiliser les entreprises afin de favoriser l'innovation sociale et d'apporter un soutien actif à des initiatives locales de lutte contre toute forme d'exclusion.

Quand Envie essaime à Pessac, à Lyon, à Nancy…

Entre 1989 et 1991, des associations Envie lancent leur activité ERG à Tours, Paris (Mitry-Mory), Grenoble, Le Mans. Cela s'accélère à partir de 1991 avec Pessac (Gironde), Nancy, Nantes, Dijon, Lyon…

« La première fois que j'entends parler d'Envie, c'est à un colloque de la Fondation de France sur l'insertion par l'activité économique, en 1989, explique André Boiteau, président d'Envie Gironde. Martin Spitz et Patrick Klein font partie des intervenants. J'étais élu de la Ville de Pessac, en Gironde, et j'étais délégué à la solidarité et à l'insertion. Envie m'intéressait puisque, en une activité, on favorisait l'insertion professionnelle des personnes en difficulté et on évitait que des encombrants polluants soient jetés dans la nature. »

André Boiteau vient à Marseille découvrir l'activité d'Envie. Les échanges se prolongent jusqu'à la création d'Envie ERG Gironde le 22 juin 1991. « Le maire donne le feu vert en 1990, raconte André Boiteau. J'ai alors pu avancer sur l'idée et m'entourer des personnes-ressources pour constituer l'association et son conseil d'administration. » Bien que de nature entrepreneuriale, les « Envie ERG » ont toujours été créées sous statut associatif, ce qui était cohérent avec leur projet social. Plus tard, au moment de la diversification sur la gestion des DEEE, il faudra créer des sociétés commerciales, les Envie 2E, afin de répondre aux critères des marchés publics de gestion des déchets.

Pessac reste le seul exemple où la collectivité est l'acteur central de l'installation d'Envie. Le plus souvent, l'implantation d'Envie est impulsée par un noyau de citoyens engagés ou par une structure de solidarité existante, comme à Clermont-Ferrand, où l'association Les Mains ouvertes porte le projet d'entreprise d'insertion au même titre que d'autres activités tournées vers les sans-domicile-fixe et les migrants.

En définitive, à chaque nouvelle implantation, Envie Développement tentait de mobiliser le trio gagnant expérimenté à Marseille : des associations de solidarité et d'action sociale, des collectivités et des industriels et distributeurs spécialisés. Christian Pin est l'ancien président d'Envie Rhône : « En 1991, mon patron me missionne pour m'intéresser à un projet. J'étais le DRH de Calor, qui était l'entité lyonnaise du groupe Seb. Il me dit "on doit être représentés, ce sera toi". Je rencontre les partenaires locaux. Il y avait le Darty régional, Brandt aussi, et puis des représentants de l'économie sociale et solidaire, dont Emmaüs ou encore le Prado, une grosse association de la protection de l'enfance. Cela m'a tout de suite parlé, moi qui ne cessais d'essayer de convaincre que le métier de DRH ne se passait pas qu'au bureau et dans les usines, mais qu'il fallait être en relation avec les acteurs du territoire. Cette fois-là, je n'ai pas eu à pousser beaucoup : c'était difficile pour ma direction d'entendre parler de rénovation d'électroménager sans en être. Nous avons pu aider la structure à trouver des locaux, dans le 7e arrondissement de Lyon. » En 1992, Envie Rhône commençait son activité et comptait rapidement trois chefs d'ateliers et vingt postes d'insertion.

Quasiment au même moment, Envie trouve son directeur pour s'implanter à Nancy. « C'est un ami, qui avait monté la première entreprise intermédiaire en Lorraine, qui me dit qu'une nouvelle entreprise d'insertion, Envie, recrute un directeur pour une ouverture à Nancy », raconte Pierre Guyot, qui fut le directeur d'Envie Lorraine pendant plus de trente ans, jusqu'à sa retraite en 2023.

Pierre Guyot est l'incarnation typique de ceux qui étaient embauchés par Envie au moment de créer une nouvelle entité. D'abord, légèrement rebelle : « Je devais entrer en école d'ingénieur, mais finalement je me suis inscrit en fac de psychologie. » Ensuite, une dose d'exigence et d'indépendance : « J'ai d'abord accompagné des jeunes avec un problème d'insertion, puis j'ai travaillé comme éducateur spécialisé en milieu ouvert. C'était très difficile de trouver des entreprises prêtes à engager un jeune "en difficulté" ou même à le prendre en stage. Ça devenait insupportable de "vendre" des profils à des gens qui n'en avaient rien à faire. » Ajoutez à cela l'esprit entrepreneurial : « Alors, à 24 ans, je me suis mis à vendre des maisons, puis j'ai dirigé une entreprise de bâtiment. » Et finissez par un retour du naturel au galop : « Dans mon entreprise, je faisais bosser des gens qui relevaient clairement de l'éducation spécialisée ou qui auraient eu leur place dans un centre d'aide par le travail[2]. Bref, je faisais l'entreprise intermédiaire. »

« Je ne maîtrisais pas ce qu'était Envie, mais j'en ai vite compris le sens. Au moment de mon entretien, Pierre Roth me met devant un tableau et je dois lui expliquer ce que sont un compte de résultat et un bilan. Il part fumer une clope et je le rejoins trois minutes après, sans avoir rien écrit. J'ai quand même été embauché ! » rit Pierre Guyot.

Un modèle inédit de « franchise associative »

Le recrutement du directeur était assuré par Pierre Roth et Martin Spitz. Pourtant, chaque nouvelle implantation d'Envie sur un territoire donnait lieu à la création d'une association autonome, dotée d'un conseil d'administration lié au territoire. Ce conseil d'administration a pu avoir la main sur le recrutement de ses salariés mais, pour le lancement, la règle était de confier cette mission à l'équipe d'Envie Développement, qui avait, entre autres, l'expertise pour trouver le mouton à cinq pattes capable de lancer l'activité économique en même temps que l'accompagnement social.

La stratégie de développement jouait à plein sa « double culture ». Celle issue du monde associatif et d'Emmaüs, qui invitait à l'ancrage territorial des unités en création et donc à l'autonomie. Et celle issue de Darty, qui conduisait à créer un modèle clé en main afin d'accélérer le déploiement tout en sécurisant le bon usage de la marque, à la manière d'un réseau

2. Les centres d'aide par le travail, ou CAT, accueillent des salariés en situation de handicap.

franchisé. Jacques Desproges, qui intervenait en tant que consultant auprès d'Envie Développement à cette époque, militait d'ailleurs pour une stratégie de création d'établissements secondaires directement rattachés à Envie Développement en tant que maison mère. « J'étais un affreux jacobin », sourit-il aujourd'hui. Mais c'est bien un modèle inédit de « franchise associative » qui a été conçu à l'époque. Chaque nouvelle association Envie signait un contrat d'usage de la marque avec Envie Développement, qui percevait un droit de marque dont le montant était indexé sur le chiffre d'affaires réalisé par la structure locale. En retour, Envie Développement apportait à chaque entité les outils comptables, l'accompagnement sur l'expertise métier et la création d'une culture d'entreprise.

« Il y a deux explications à cette capacité d'Envie à industrialiser le processus de développement tout en respectant l'ancrage territorial, explique Philippe Fieux, le premier directeur d'Envie Nantes. La première est que Patrick Klein savait comment on réussit en affaires. La seconde est que Martin Spitz a énormément de rigueur intellectuelle. Donc, pour embarquer des gens, il fallait assurer. »

Pour Martin Spitz et Patrick Klein, l'une des clés d'une implantation réussie était de suivre la carte des pôles logistiques de Darty. L'expérience de Marseille l'avait démontré : le partenariat régional qui garantissait l'apport du gisement d'appareils à rénover issus de la « benne » de Darty permettait de s'assurer une activité continue et suffisante pour les salariés en insertion. Qui plus est, le magasin de vente était d'autant plus attractif qu'il proposait une large palette de modèles.

Chaque implantation d'Envie devait donc pouvoir se jumeler avec un centre logistique Darty qui alimenterait l'atelier de rénovation – le don des particuliers en direct et via Emmaüs étant les deux autres principales sources d'approvisionnement. Le partenariat national, convenu avec Jean-Noël Labroue et Philippe Francès, était le sésame pour simplifier le contact avec ces plateformes.

L'analyse du bassin d'emploi était le second critère. Le chômage, qui débordait un peu partout, touchait tout particulièrement les employés et les ouvriers qui peinaient à retrouver un emploi sans formation ou qualification supplémentaire. Les besoins en insertion s'avéraient criants sur tout le territoire et l'offre d'insertion par l'activité économique était encore balbutiante. Envie était attendue !

Apprendre par l'observation

Philippe Fieux a 36 ans quand il est embauché pour développer Envie à Nantes. Il vient de passer six ans comme assistant social dans un foyer de jeunes travailleurs : « J'avais passé un diplôme de gestion en formation continue. Sans cela, je n'aurais pas été embauché par Envie. » Alors qu'il a quitté Envie 44 en 2005, il y a presque deux décennies, il en parle encore avec des étoiles dans les yeux : « Ils avaient modélisé l'économique et on devait l'adapter à la taille de la zone de chalandise. Pour 200 000 habitants, douze postes ; pour 300 000 habitants, dix-huit... Et ils avaient des tableaux de bord extraordinaires ! Quand ils m'ont embauché, ils m'ont dit : "Dans cette ville, il faut X postes, X chefs d'équipe, un directeur, un comptable et ensuite on voit pour organiser la collecte." On savait qu'un poste c'était telle subvention, on pouvait calculer le point d'équilibre de l'activité en fonction du temps qu'un salarié passait sur un appareil. On voyait facilement comment le business fonctionnait, si on tenait dans les clous... Bref, Envie Développement portait l'outillage et aussi la force d'un réseau qui se construisait. »

La force du réseau est ce qui reste de plus vivace à l'esprit de Philippe Fieux : « J'ai vécu quelque chose d'intense. La culture commune tenait à une valorisation des relations humaines impliquées dans les projets. » Car il n'y avait pas que les tableaux de bord ! Chaque nouveau directeur ou nouvelle directrice passait plusieurs semaines à apprendre son métier en observant ses pairs. Nathalie Bartman est directrice d'Envie Dijon depuis sa création en 1993. Elle a 24 ans quand elle est embauchée après des postes en ressources humaines qui lui laissent un goût d'insatisfaction. Elle est alors une pionnière de la quête de sens (rebelles, on vous disait, les dirigeants d'Envie !) et, « franchement, je ne me serais pas embauchée », ironise-t-elle. À l'époque, la duplication se faisait par l'observation. « Je suis allée au Mans, j'ai passé beaucoup de temps à Nancy, chez Pierre Guyot, et à Mitry-Mory. Je regardais comment étaient faits les dossiers de subvention, parce qu'il fallait trouver les premiers fonds pour se salarier sur l'étude de faisabilité, trouver les employés, le local, les bénévoles, le réseau social à Dijon pour se présenter.»

Mitry-Mory était la première structure Envie francilienne. À l'époque le directeur s'appelle Bruno Wirth. Il a succédé à Pierre Roth. C'est un pur produit Envie. Il a été le deuxième salarié en insertion d'Envie Strasbourg. De fil en aiguille, il a pris la direction de Marseille (après Martin Spitz), puis de Paris. «J'y suis allée en tant que stagiaire, se rappelle Nathalie Bartman. On m'a mis les bottes et j'ai gratté mes premières cuisinières!» Pierre Guyot se souvient bien, lui aussi, de Mitry-Mory. Envie était installée sur une vaste zone d'activité totalement anonyme et excentrée mais où se trouvait aussi la plateforme logistique francilienne de Darty. Une mine! «C'était l'une des premières expériences d'industrialisation avec Darty. Je m'y suis immergé une semaine. C'est là que j'ai tout compris du projet.»

Cet apprentissage par l'observation illustre un trait profond du réseau Envie. Quand Martin Spitz prend la direction d'Envie à Strasbourg en 1984, rien n'est écrit. Il s'appuie sur un manuel de gestion de BTS pour travailler mais, en définitive, c'est en allumant le moteur qu'il va apprendre à conduire. L'entreprise d'insertion était dans les têtes, mais c'est bien sur le terrain qu'il fallait l'inventer. C'est pourquoi nombre des premiers dirigeants d'Envie ont fonctionné en pionniers, c'est-à-dire en faisant, sans craindre de ne pas savoir, d'autant que l'équipe des directeurs était là pour combiner les expériences et les intelligences. «Sur les trois à cinq premières années, j'appelais Pascal Monard, le directeur d'Envie Strasbourg, Pierre Guyot ou d'autres dès que j'avais le cerveau qui chauffait et qu'il fallait me sortir de situations qui me paraissaient inextricables, raconte Nathalie Bartman. C'était grâce à ces nourritures diverses que je faisais mes choix. Ce que je retiens de tout cela, c'est qu'il n'y a rien à normer, mais qu'il y a à accompagner. Et pour tout jeune directeur, il ne faut pas tant une feuille de route que des pairs avec qui vous pouvez échanger et qui vous permettent de traduire en actes, selon votre propre personnalité et votre contexte. J'ai du mal avec les process techniques. Mais j'ai bénéficié de l'humanité dans toute sa splendeur et je suis le fruit de ça. »

Nathalie Bartman redonnera ensuite ce qu'elle a reçu. Notamment à Xavier Receveur, directeur d'Envie Var, arrivé en 1998 pour reprendre l'entreprise, qui était en difficulté : « Elle m'a accompagné à mes débuts et, ce qui m'a encore plus aidé, ce sont les échanges que j'ai continué à avoir avec elle ensuite. Ce n'est pas ce qu'on imagine à propos du monde du travail. Elle a tout fait pour que ça marche. Et puis nous continuons à faire le tour des autres structures Envie pour partager nos pratiques. » Cela fait rire Pierre Guyot, car sa femme lui rappelle encore que, « durant les vingt premières années, [il] profitai[t] systématiquement de [leurs] vacances pour aller rencontrer l'équipe Envie du coin ! »

Chaque année, un séminaire des directeurs et directrices était une occasion supplémentaire de se retrouver, de partager ses enjeux, problématiques et nouveaux acquis d'apprentissage : « Je me suis sentie intégrée dans une "famille" et c'était tout à fait judicieux. À 24 ans, j'ai pu trouver ma place dans un espace qui luttait pour faire vivre un projet intelligent, hier comme aujourd'hui. La rencontre de mes collègues était une chance », salue Nathalie Bartman.

« Martin Spitz avait institué une autre règle, raconte Philippe Fieux : en tant que directeurs, on s'engageait à donner 10 % de notre temps au réseau. Soit pour accompagner la création d'une Envie, soit pour donner un coup de main à une Envie en difficulté. Par exemple, j'ai été associé à la création de Toulouse avec Franck Zeitoun et j'ai aidé Tours quand ils ont eu à gérer un redressement judiciaire. »

Faire avec les moyens du bord

Tous les récits de ces pionniers de l'ère Envie Développement convergent pour décrire l'immense enthousiasme d'avoir trouvé dans Envie le graal de l'entreprise prête à performer économiquement au bénéfice du social. Bien sûr, cet enthousiasme aidait à compenser des conditions d'activité parfois « baroques » au démarrage. « On est en 1995 quand je prends la direction d'Envie Nord et on commence l'activité dans une ancienne usine textile, raconte Jean-Yves Doisy – qui deviendra ensuite le directeur général de Vitamine T. On avait des R4 fourgonnettes bleues récupérées chez EDF pour se rendre chez les clients et le camion de livraison avait un trou dans le toit… Mais les gars y allaient ! »

Des anecdotes qui décrivent la capacité à faire avec les moyens du bord, mais qui dessinent aussi, en creux, des débuts d'activité chaotiques, des ateliers peu adaptés, des conditions de travail difficiles pour des salariés en insertion qui avaient pourtant besoin d'être entourés et préservés. Ce n'était pas satisfaisant, mais l'inaction qui précédait l'était encore moins. Et il faut se souvenir que les Envie ERG étaient conçues pour fonctionner comme des entreprises, en partant d'une architecture associative. Leurs plans de financement ne s'appuyaient pas sur des levées de fonds auprès de *business angels*. Elles allaient chercher des fonds et dispositifs publics, des subventions d'investissement, des facilités de caisse permises par certaines banques, afin de se lancer et de monter en charge progressivement pour atteindre le point d'équilibre économique.

La recherche de foncier et de bâtiments adaptés et abordables était une vraie gageure. Souvent, c'est par le soutien de collectivités ou l'influence bienveillante des grandes entreprises partenaires que des solutions étaient trouvées. « Plus on fera de l'économique et plus on aura la capacité de faire du social » : tel était le principe édité quelques années auparavant par Martin Spitz.

« Nous avons commencé côte à côte avec Emmaüs dans un local assez sommaire où le chauffage n'était pas très puissant, se rappelle Nathalie Bartman. Nous avons déménagé deux fois et finalement nous avons pu acheter nos locaux actuels de 6 000 mètres carrés. Aujourd'hui, nous sommes chez nous, nous payons nos échéances de remboursement. J'aime cette idée que, lorsque je partirai, Envie sera propriétaire de ses murs. C'est bien pour plein de choses, par exemple pour mener des travaux de récupération des eaux de pluie, pour se montrer plus écologique, et l'équipe a été partie prenante de cet achat. C'est très symbolique : chacun sait que nous sommes chez nous, sans que ce lieu n'appartienne à personne. »

L'échec d'Envie Mitry-Mory

Les années 1990 sont donc la décennie du grand décollage. Le réseau passe de deux à vingt-cinq entreprises d'insertion. Elles auraient pu être plus nombreuses, notamment parce que certaines implantations n'ont pas tenu. À Paris notamment. Sa création en 1990 était une évidence, si l'on repense à la logique de Martin Spitz et Patrick Klein d'aller là où le gisement d'appareils à rénover était important. Envie Paris s'installe donc à Mitry-Mory, là où Darty exploitait l'un de ses plus gros centres logistiques pour l'Île-de-France.

Dans le réseau, parler de Mitry-Mory, c'est un peu comme parler d'un mythe, d'une Atlantide. Cette Envie-là aurait dû devenir la réussite emblématique du modèle de développement à haute intensité que souhaitaient les fondateurs d'Envie Développement. Il y avait tout : le potentiel industriel avec l'adossement à l'une des plus grosses plateformes de Darty et le lien originel avec Emmaüs en la personne de Dominique Jeanningros, directeur d'une communauté Emmaüs, qui devient le premier président d'Envie Paris.

L'une des erreurs commises tient à la politique d'embauche des salariés en insertion. « La mixité des publics était la clé de la réussite d'un atelier. Or on avait jusqu'à huit ex-détenus de la prison de Villepinte dans l'effectif. Il ne faut pas faire d'angélisme, c'était dur à gérer », raconte Martin Spitz. « Nous n'étions pas assez costauds », ajoute Patrick Klein. Le site recevra la visite de Jacques Barrot, ministre du Travail de Jacques Chirac, avant de succomber à une grève illimitée orchestrée par la CGT du département. À l'époque, les entreprises d'insertion sont accusées d'exploiter des salariés à bas coût et de faire le jeu du patronat, surtout si, comme Envie, on affiche son partenariat avec une grande entreprise.

L'aventure de Mitry-Mory illustre aussi l'une des difficultés récurrentes d'Envie, aujourd'hui encore : l'accès au foncier. L'activité d'Envie est consommatrice de grandes surfaces d'ateliers tout en étant un lieu de distribution avec son magasin, ce qui impose de se rendre accessible pour la clientèle. S'installer à Mitry-Mory était pertinent sur le plan de la production en atelier, mais comment attirer le chaland ? Il faudra attendre 2021 pour voir l'enseigne Envie s'afficher au cœur de Paris.

L'échec francilien ne doit pas pour autant masquer la forte croissance du réseau à cette période. Le rythme de créations ne sera jamais aussi rapide par la suite. Et, alors que se multiplient les Envie ERG sur le territoire, accompagnées de la reconnaissance des politiques publiques et de celle des représentants politiques, c'est un nouveau chantier qui s'ouvre déjà pour le mouvement : le recyclage des déchets électriques et électroniques.

Le début du chantier européen des DEEE

Jacques Desproges continue d'accompagner Envie, lui qui a soutenu le projet dès sa création, alors qu'il travaillait au ministère de l'Environnement d'Huguette Bouchardeau. À la tête de son cabinet Terra SA, il accompagne Envie, tout comme il conseille des groupes industriels sur les enjeux environnementaux. « À l'époque, le terme d'écologie était tabou », rappelle-t-il, et celui d'économie circulaire n'existait pas encore. Jacques Desproges était la meilleure vigie dont Envie pouvait profiter pour détecter les tendances et les signaux politiques. Il alerte Martin Spitz dès 1992 sur le fait que la gestion des déchets électroniques deviendra une question primordiale à l'échelle européenne. L'Europe consomme énormément et les volumes de déchets augmentent, sans qu'aucune solution fiable n'existe pour leur assimilation. Le recyclage était un nouveau marché sur lequel, à son avis, un acteur du réemploi tel qu'Envie se devait de se positionner pour continuer d'exister.

Deux initiatives seront prises dans ce sens. D'une part, Envie Développement crée la société Sage (Société anonyme du groupe Envie) en 1993. La Sage a été conçue comme un outil d'investissement dans de nouvelles structures Envie aptes à se lancer sur ce nouveau marché. À la création, une centaine d'actionnaires ont apporté 3,3 millions d'euros. Les associations locales sont invitées à investir leurs excédents dans le capital. Des sympathisants du projet apportent aussi leur soutien : des dirigeants et des cadres d'Envie, des fondateurs et des dirigeants d'entreprises de l'électroménager, et quelques personnalités telles que Martine

Aubry et Claude Alphandéry. L'intention était double du côté d'Envie Développement : éviter de faire porter le risque des investissements aux associations Envie et disposer d'un outil central au service du développement du réseau.

D'autre part, Envie Strasbourg prend le contre-pied d'Envie Développement et crée de son côté, en 1995, Envie Environnement & Emploi (Envie 2E), une structure purement associative, sans recours à la Sage, et qui ne s'appuie que sur son écosystème local et notamment sur le lien avec un responsable de la gestion des déchets de l'agglomération strasbourgeoise, qui lui offrira ses premiers marchés de collecte et de démantèlement. Bruno Lallemand peut s'enorgueillir d'être à nouveau le premier à l'avoir fait ! Mais l'histoire se répète : il s'agit aussi, pour lui, d'affirmer sa divergence de vues avec Martin Spitz. Car, pour ce dernier, la Sage est l'outil qui permettra d'optimiser le développement rapide et solide d'Envie. Bruno Lallemand, de son côté, joue la carte de l'initiative locale et autonome. Malgré les réussites et le modèle singulier qui se fabriquait devant leurs yeux, Envie est restée sous le feu des divergences de vues stratégiques entre deux piliers de son histoire.

Finalement, la Sage restera en sommeil pendant encore trois bonnes années. L'intuition de Jacques Desproges était bonne, mais les autorités européennes vont temporiser sur le dossier DEEE jusqu'en 1998. Ce qui fait dire à Martin Spitz « qu'il n'est jamais bon d'avoir raison trop tôt ». Envie Développement savait que l'enjeu d'avenir serait sur les DEEE, mais beaucoup d'associations Envie s'acharnaient encore à consolider l'activité ERG sur leur territoire. Alors les DEEE, c'était loin et abstrait. Et l'apparition de la Sage, structure au statut capitaliste, pour monter des entreprises d'utilité sociale apparaissait pour beaucoup comme un mariage contre nature et dangereux. Nous sommes encore très loin de l'apparition du concept d'entreprise sociale qui émerge en France au début des années 2000. Dès lors, l'argument d'une plus forte intégration verticale du réseau ne passait pas pour la majorité des dirigeants. Les associations ne souhaitaient pas qu'une « holding » leur impose ses vues. Elles payaient des cotisations pour qu'Envie Développement les aide à sécuriser les associations locales, point.

À Envie Maine, Patrick Klein échange avec un collaborateur – 1995 / DR

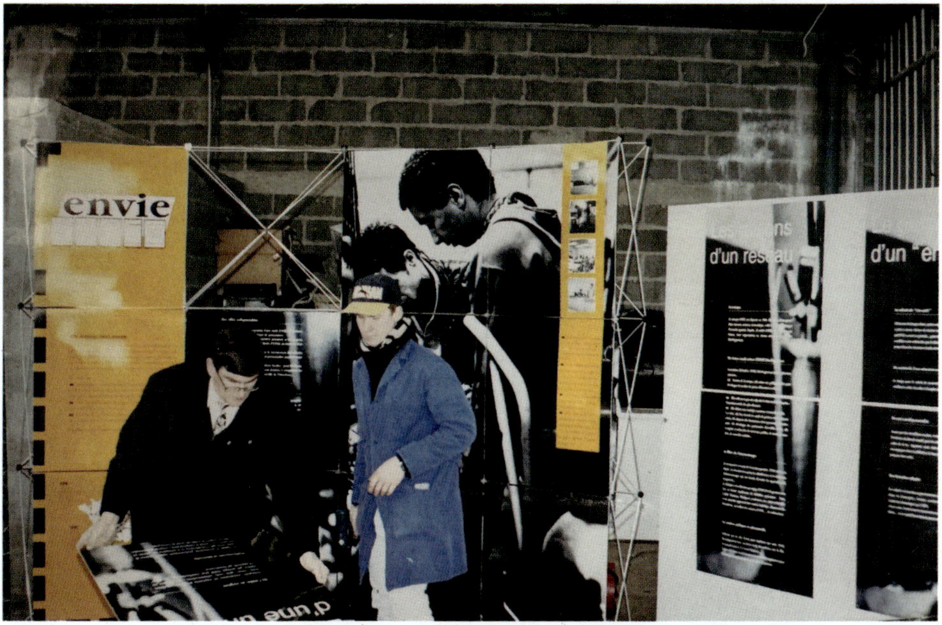

Formation interne à Strasbourg – 1997 / DR

Une réunion du réseau Envie en présence de
Claude Alphandéry et Patrick Klein – 1995 / DR

Le magasin de Marseille, qui est la deuxième structure Envie, avec mention de la garantie de six mois – 1990 / DR

De 1997 à 2012, Envie a développé un modèle à Cotonou, au Bénin. Le camion de la structure – 1999 / DR

La devanture du magasin d'Envie Bénin – 1999 / DR

1999-2012
Le défi de la filière des déchets électroménagers

À la fin des années 1990, l'Organisation de coopération et de développement économiques (OCDE) frappe les esprits en évaluant que le volume de déchets par habitant a augmenté de 22 % entre 1980 et 1997. Cela laisse présager d'une catastrophe sanitaire et environnementale si aucune solution alternative à l'enfouissement ou à la destruction n'est trouvée. Fours, réfrigérateurs, petit électroménager… Les volumes de ces déchets explosent et posent des problèmes de pollution, notamment du fait des gaz réfrigérants des frigos et des tubes cathodiques des téléviseurs.

La constitution d'une filière REP des déchets électroménagers

Dans ce contexte, les discussions sur la filière DEEE sont lancées au niveau européen vers 1999 ; elles débouchent sur la première directive DEEE en 2002. Tous les metteurs en marché (fabricants, distributeurs, etc.) s'assoient autour de la table pour organiser une filière de collecte et de valorisation des produits en fin de vie. Cette filière à « responsabilité élargie des producteurs » (REP) devient réalité avec l'installation en 2006 d'éco-organismes chargés de l'animer. Envie a tout intérêt, alors, à s'y affirmer. Sa participation à la structuration d'une filière REP sur les DEEE est même un enjeu de survie pour le réseau. Soit Envie s'assoit à la table des concertations et entre dans la danse du recyclage, soit le réseau perd à coup sûr les accès au gisement qu'il a créés de gré à gré.

Mais, au début de l'histoire de la filière REP, une telle certitude est loin d'être unanimement partagée. Et ce débat va en rencontrer un autre, tout aussi existentiel, consistant à déterminer de quel type de réseau Envie souhaite se doter. D'autant que ce réseau continue de croître : sur la seule année 1998, Envie ouvre à Toulouse et à Clermont-Ferrand, revient à Paris en s'installant à la Plaine-Saint-Denis, et d'autres projets sont en cours. Là encore, des visions différentes continuent de s'exprimer parmi les vingt-cinq entreprises d'insertion Envie. Des vues qui s'affrontaient déjà en 1987.

Il y a, dans cette nouvelle étape de la vie d'Envie, les ingrédients d'un affrontement fratricide, doublé du schéma tragique et néanmoins classique de rejet du père. Il y a aussi les ingrédients d'une tragicomédie où l'on suit les tribulations d'une famille nombreuse dont chaque membre revendique sa différence, peine à aider son voisin avant de coopérer à nouveau et de se dire que, finalement, le lien familial est plus fort que tout.

Enfin, et c'est sûrement le plus important, il y a dans cette décennie le sel d'une *success story* inédite qui raconte comment Envie, pionnière de l'économie sociale et solidaire, a tant pesé dans la modélisation de l'économie circulaire à la française. En effet, au terme de cette décennie et de ce chapitre, il sera dit qu'Envie a non seulement pris sa place dans l'économie circulaire en France, mais surtout a influencé l'organisation des filières REP afin que soient reconnus, à côté des sociétés cotées et autres géants de la consommation, le rôle et la spécificité de ces entreprises d'un nouveau genre. Des entreprises à la performance reconnue qui ne s'intéressent pas aux dividendes qu'elles pourraient verser, mais à la plus-value économique, sociale et environnementale qu'elles laissent à la société.

Une oscillation entre deux modèles possibles

L'ambiance au sein du réseau à la fin de ces années 1990 n'est pas la meilleure qu'Envie ait connue. Quinze ans qu'Envie Développement s'active à mailler le territoire en concevant de petites Envie. Quinze ans que celles-ci grandissent et prennent de l'assurance. Quinze ans, c'est l'âge de l'adolescence et de l'émancipation. Et de fait, le réseau Envie s'est aussi développé sur un principe d'autonomie de chaque structure. Certaines présidences territoriales voient d'un mauvais œil la volonté de maîtrise exprimée par Envie Développement, quand d'autres, les plus grosses entités, s'inquiètent de savoir ce qui est fait de leurs cotisations.

André Dupon, le président emblématique du groupe d'insertion des Hauts-de-France Vitamine T, qui a développé les implantations sous le nom d'Envie Nord, résume le tableau d'une phrase: «Envie a toujours oscillé entre deux modèles possibles: celui d'une fédération de structures locales et celui du groupe national doté d'une unité de vision de commandement de gestion.» Le terme d'oscillation est particulièrement juste. En sciences physiques, l'oscillation est un mouvement périodique ou régulier autour d'une position d'équilibre. Durant ses quinze premières années d'existence, le réseau Envie s'est développé en trouvant son équilibre dans cette oscillation constante entre la vision Spitz d'un centralisme stratégique et la vision Lallemand d'un respect de l'autonomie pleine et entière des entreprises locales.

L'équilibre de l'oscillation a perduré jusqu'à ce que la tension soit trop forte entre les deux pôles. La perspective de la structuration d'une filière DEEE par les professionnels va pousser le trio Spitz-Klein-Roth à insister pour renforcer la position d'Envie Développement alors que le réseau n'y est pas prêt. Martin Spitz et Patrick Klein le font en créant la Sage en 1993 (voir chapitre précédent), puis Envie Pro en 1994. Cette société était chargée d'acquérir des lots de produits déclassés afin de les revendre auprès des Envie locales. Patrick Klein croyait beaucoup à cette idée «qui permettait d'aller sur le marché des soldeurs, de monter en gamme et d'augmenter le prix de vente moyen».

Ces deux structures répondaient clairement à un besoin: celui de renforcer, d'une part, les capacités d'investissement collectives et, d'autre part, le modèle économique de l'électroménager garanti. Car, si l'expansion d'Envie était une réussite, la fragilité économique des structures était une constante. Entre des unités qui ferment (Mitry-Mory, Marseille), les difficultés financières d'autres structures dues à une baisse des ventes, un turn-over trop important des salariés qui peinent à s'accrocher et les difficultés pour recruter les bons encadrants techniques, l'édifice vacillait régulièrement. La solidarité existait dans le réseau et, nombre de fois, les bien-portants sont venus en aide aux malades. Un fonds de solidarité avait également été constitué afin de mutualiser le soutien aux unités qui en avaient besoin. Mais cela ne permettait pas d'anticiper les problèmes et de consolider l'ensemble.

La mise en route de la directive DEEE en 1999-2000 au niveau européen relance avec intensité le débat sur les enjeux de renforcement de la tête de réseau pour soutenir les structures dans les développements à venir. Elles sont soutenues par des administrateurs engagés qui viennent du secteur traditionnel : Jean-Noël Labroue, qui est alors le directeur général de Darty, mais aussi Christian Brabant, PDG de Whirlpool, qui entre au conseil d'administration au moment où il est aussi le président du Gifam, le syndicat des fabricants d'appareils électroménagers. Tous deux étaient de fidèles soutiens de ce modèle d'entreprise à finalité sociale. C'est la première fois qu'un réseau de l'ESS, non lucratif, attirait autant de patrons d'entreprises du «grand capital». Et au sein du réseau, même les plus radicaux reconnaissent la force d'un tel aréopage. «Cela avait été rendu possible par Martin Spitz et Patrick Klein et je trouvais ça très positif», relève Bruno Lallemand. Jean-Noël Labroue acquiesce avec un clin d'œil : «Même si on a eu des différends, Lallemand ne s'est jamais levé en me disant "va t'occuper de ton bénéfice par action et laisse-moi faire de la solidarité".»

Mais le conseil d'administration dans son ensemble n'est pas prêt à suivre les préconisations de développement du recyclage, qui ouvrent un horizon vertigineux. Nous sommes en 1999 et la directive européenne est à peine dans les limbes des premières discussions dans les couloirs opaques de Bruxelles. Difficile de se faire une opinion tranchée et, quand on ne se sent pas les reins assez solides, c'est le *statu quo* qui prend le pas sur la prise de risque.

Pour les structures les plus petites et les plus fragiles, l'option de l'investissement lourd pour constituer des structures capables de rivaliser avec des poids lourds du déchet apparaissait comme une prise de risque inconsidérée. L'activité ERG, où Envie était quasiment seule, était déjà fortement dépendante des aléas du marché du neuf (arrivée de gammes *low cost*, baisse des prix...). Il y avait aussi un effet repoussoir à aller vers la création d'entreprises sous statut commercial. «Nous étions ancrés dans la culture associative», souligne André Boiteau, président d'Envie Gironde.

Cet argument semble anachronique aujourd'hui mais, à l'époque, des concepts tels que la joint-venture sociale, l'entreprise sociale ou tout simplement la capacité d'une association à créer une société par actions simplifiée pour loger une activité commerciale au service de son utilité sociale étaient en train d'émerger. L'entreprise sociale est un concept anglo-saxon qui n'adhère pas aux codes de l'ESS française, et il faudra attendre 2014 et la loi Hamon pour que certaines sociétés commerciales puissent entrer dans le champ de l'ESS, dès lors qu'elles respectent les principes de lucrativité limitée, d'utilité sociale et de gouvernance démocratique.

A contrario, d'autres dirigeants locaux contestaient l'aspiration centralisatrice d'Envie Développement, car elle aurait pu contrarier les ambitions de croissance de leur structure. En effet, à côté des «petites» associations Envie centrées sur leur activité ERG, d'autres avaient des ambitions de développeurs. Ceux-là n'étaient pas intellectuellement opposés aux grandes ambitions de Martin Spitz et Patrick Klein. Mais ils croyaient d'abord au développement de leur entité. Conserver une tête de réseau peu intrusive dans la vie de ses membres était le meilleur moyen de ne pas être entravés dans leurs ambitions territoriales.

Prenons l'exemple de Vitamine T. En 1994, Martin Spitz est orienté vers André Dupon par la direction de Darty pour développer Envie dans le Nord. Jean-Yves Doisy est recruté pour créer Envie Nord, qu'il développera avant de prendre la direction générale de Vitamine T (il a quitté son poste à l'été 2023). Mais Vitamine T est lui-même un groupe d'une demi-douzaine d'entreprises d'insertion à l'époque (400 salariés dans l'intérim, le bâtiment, etc.) et la vision groupe, André Dupon l'appliquait à l'entreprise qu'il dirigeait mais ne la poussait pas chez Envie. Jean-Yves Doisy l'explique clairement: «C'était compliqué qu'une entreprise comme Envie Nord appartienne à un deuxième groupe. Donc nous avons toujours freiné les velléités de renforcement de l'intégration et de développement des missions de la Fédération Envie, car j'avais déjà tous les services nécessaires au sein de Vitamine T. Nous avons eu un rôle dans ce *statu quo*.» André Dupon prendra de nombreuses responsabilités au sein du CA d'Envie Développement, puis de la fédération, dont il sera le trésorier quelques années.

La mort d'Envie Développement et la naissance de la Fédération Envie

L'appel à la mobilisation sur les DEEE résonne donc comme une injonction illégitime lancée par Martin Spitz, alors même qu'Envie Développement était, aux yeux des directeurs et des gouvernances, à leur service plutôt que l'inverse. Le projet avorté d'une filiale, Envie DEM (pour démantèlement), destinée à porter les futures Envie 2E, ressemblait à une nouvelle intention de déposséder les associations locales de leur capacité d'agir en autonomie. Envie Développement avait perdu la confiance du réseau et les relations s'avéraient de plus en plus difficiles. En 2000, un cabinet externe est sollicité par le conseil d'administration afin de mener un audit stratégique sur le réseau, mais il ne changera rien. La fin d'Envie Développement était programmée.

Étonnamment, les souvenirs de nombreux acteurs de l'époque sont assez flous sur ces années, qui débouchent en 2001 sur la démission de Martin Spitz. Dans son ouvrage *Histoire d'Envie. Trois décennies en Lorraine*, Pierre Guyot évoque à plusieurs reprises les tensions avec la tête de réseau. Pour l'année 1995, par exemple, il écrit: «Les difficultés relationnelles entre structures locales et fédération s'intensifient, jusqu'à la volonté de boycotter le séminaire [annuel des directeurs] à Strasbourg.» Mais, en 2001, pas un mot sur la fin de l'ère Spitz, juste quelques lignes sur l'arrivée prochaine, en 2002, d'un délégué général, Christian Valadou.

La mémoire collective a surtout retenu un contexte d'opposition récurrente entre Martin Spitz-Patrick Klein, d'une part, et Bruno Lallemand, d'autre part. «Envie Développement a disparu parce que nous avions des désaccords profonds, estime Bruno Lallemand. Sur le management principalement. Ils avaient dans leur tête que les directeurs devaient être embauchés par Envie Développement et mis à disposition des unités, ce qui veut dire que les conseils d'administration n'auraient pas la main dessus.» La création d'Envie Emploi et Environnement par Envie Strasbourg visait clairement à contester à Martin Spitz le droit de diriger le destin d'Envie Strasbourg, alors que se discutait la création d'Envie DEM.

Brigitte Spenner, l'une des fondatrices, a suivi ces débats. Elle siégeait au conseil d'administration d'Envie Développement, avait pris des parts dans la Sage (on y retrouvait aussi Claude Alphandéry, Jean-Noël Labroue, Martine Aubry, etc.), mais elle s'en est détachée progressivement au mitan des années 1990. Elle n'a donc pas assisté formellement au départ de Martin Spitz. Si elle s'est éloignée d'Envie quelques années avant, c'est qu'elle avait posé le diagnostic: «On ne pouvait pas sortir de ces crises avec des personnalités aussi opposées que Patrick Klein et Bruno Lallemand. Sur le fond, les complémentarités entre les aspects financiers et un essaimage décentralisé existaient, mais cela tournait énormément autour de batailles d'ego. Les AG d'Envie Développement tournaient aux combats de coq!», conclut lucidement Brigitte Spenner. Nathalie Bartman regrette la manière dont Martin Spitz a quitté Envie: «Il n'est pas parti de manière juste. C'est un réseau plein d'engagement, mais aussi chargé d'affects. Son départ a été traumatique», estime-t-elle comme pour expliquer cette forme d'oubli collectif des circonstances.

Martin Spitz démissionne d'Envie Développement début 2001 avec beaucoup d'amertume, même s'il sait aujourd'hui «que c'est dans la nature des choses que les fondateurs s'éloignent à un moment donné». Envie Développement disparaît et les statuts d'une fédération sont déposés. Patrick Klein en sera le premier et éphémère président. Le cabinet de consultants sollicité en 2000 rend ses préconisations, qui vont dans le sens d'un renforcement des capacités du réseau. «Quand je vois ce qu'est devenue la fédération, nous ne sommes pas si loin de ce que nous avions préconisé, même si certains débats n'ont jamais été tranchés, comme la mise en place d'outils financiers communs pour mener des investissements lourds et pas seulement un fonds de solidarité», relève Martin Spitz aujourd'hui.

Christian Valadou, premier délégué général de la Fédération Envie

La Fédération Envie est quasiment installée au moment où sort la directive européenne sur les DEEE. L'avertissement lancé par Martin Spitz devient concret, et la nouvelle fédération va travailler pendant quatre ans à engager le réseau sur la voie des DEEE.

Lorsque la fédération est créée officiellement en 2001, on y retrouve globalement les mêmes personnes qu'au sein d'Envie Développement, soit un échantillonnage des gouvernances des entreprises d'insertion, avec une représentativité territoriale et des personnes qualifiées issues du secteur de l'électroménager. Le premier délégué général s'appelle donc Christian Valadou. Cet ancien instituteur est un pionnier de l'insertion par l'activité économique, fondateur d'Astrolabe, entreprise intermédiaire emblématique de la Seine-Saint-Denis. Il arrive du Conseil national des entreprises d'insertion (CNEI), devenu aujourd'hui la Fédération des entreprises d'insertion. Respecté par tous, il ne restera qu'un an à ce poste, après avoir entamé le travail de remise à plat du fonctionnement du réseau. Il crée notamment un comité exécutif constitué d'un représentant des présidences d'entité par région. Cette initiative va enclencher une nouvelle dynamique qui va inciter à renforcer les échanges et le dialogue entre entités au sein des espaces régionaux.

« Il avait une bonne vision de l'ESS », se souvient Christian Brabant, l'ancien PDG de Whirlpool. Les deux pieds bien ancrés dans le sol de l'utilité sociale, il développait une vision entrepreneuriale de l'ESS. Une sorte de synthèse des oscillations d'Envie. Il fut d'ailleurs l'un des promoteurs du Mouvement des entrepreneurs sociaux en 2010, l'ancêtre de l'actuel Mouvement Impact France, qui souhaitait bousculer l'économie sociale et solidaire trop bien assise sur ses statuts historiques des sociétés de personnes (associations, coopératives, mutuelles) pour laisser de la place à de nouvelles formes d'entreprises sociales.

Christian Valadou partira toutefois un an après pour continuer sa route professionnelle en Aquitaine, après avoir entamé le travail de réconciliation et de remise à plat du réseau. Il recrutera notamment Frédéric Seguin : « Je l'avais rencontré aux dix ans d'Envie Gironde et nous avions tout de suite accroché, raconte ce dernier. Je lui avais dit que j'étais en train de quitter la grande distribution. Six mois après, il m'appelle pour redresser Envie à Toulouse et ensuite j'ai créé Envie 2E Aquitaine. J'étais le premier dirigeant qui ne venait pas du social.» Une affirmation en partie vraie seulement car, même parmi les pionniers, les dirigeants n'étaient pas tous des travailleurs sociaux défroqués. Ainsi, Nathalie Bartman, à Dijon, venait de l'entreprise et des ressources humaines. Mais, de fait, Frédéric Seguin incarne une évolution des profils des dirigeants qui va se confirmer avec le temps: des profils plus «entrepreneurs», moulés dans les écoles de commerce et démoulés par la quête de sens de leur travail pour devenir des dirigeants de l'ESS.

La constitution difficile d'une filière REP ambitieuse

Christian Valadou est remplacé par Jean-Luc Tissier en 2002. Celui-ci restera délégué général jusqu'en 2009. Il arrive de l'Unicef, de la communication et du *fundraising,* et va prolonger cette évolution culturelle. À partir de 2002, le jargon interne change. On ne parle plus d'«unités locales» comme c'était l'habitude, mais d'«entreprise sociale Envie». C'est à Jean-Luc Tissier que revient la lourde tâche d'animer le réseau afin de l'emmener vers la grande révolution des Envie 2E. Il le fera sous la houlette de plusieurs présidents, dont Solange Nuizière, une ancienne de l'Institut Ipsos, qui présidera Envie entre 2004 et 2007.

En 2002, l'État français se doit de transcrire la directive européenne sur les DEEE dans le droit national. C'est la deuxième fois que la France s'empare d'un sujet d'économie circulaire. La première fois, c'était pour créer l'éco-organisme Éco-Emballages (devenu Citeo en 2017), afin d'organiser le tri à la source des papiers et cartons (pour commencer). «La différence fondamentale avec la filière des DEEE, c'est que, pour la filière des papiers et cartons, Éco-Emballages reversait les fonds aux collectivités pour organiser le tri, explique Jacques Desproges. Alors que, sur la DEEE, ce sont les industriels qui sont invités à organiser de manière opérationnelle les dispositifs de collecte et leur massification. Ce sont eux qui choisissent les solutions de traitement. Si Envie ne mettait pas le pied dans la porte pour participer au travail, alors ils mourraient, car les Veolia et Suez récupéreraient le gisement et tout ce qu'ils avaient créé.»

Il faut bien comprendre qu'à ce moment-là les industriels sont face à une page quasiment vierge. Ils ont à écrire le début d'une histoire, celle de l'économie circulaire sur nos appareils ménagers et électroniques. Cela aura un impact sur le modèle économique des entreprises, la structure de leurs marges, les impératifs de recherche et développement, qui devront mieux prendre en compte les enjeux d'éco-conception et de fin de vie des produits.

La Suède et l'Allemagne sont en avance sur la structuration de ces filières. La Suède a mis en place un système individuel où chaque fabricant est responsable de la collecte et de la gestion de la fin de vie de ses produits. Un système qui responsabilise d'autant plus l'entreprise qu'elle récolte directement le fruit de ses progrès en gérant toute la chaîne de valeur. En France, la multiplicité des metteurs en marché rend impossible le système individuel, selon Christian Brabant. C'est lui qui est chargé de conduire le travail. Il va s'appuyer sur la Fédération du commerce et de la distribution (FCD) et sur Jean-Noël Labroue pour monter un système collectif avec, en son centre, un éco-organisme. Christian Brabant explique que « le système collectif permettait de mutualiser des moyens et de limiter les coûts logistiques, ce qui le rendait plus acceptable ». Jean-Noël Labroue, lui, se rappelle avoir fait fonctionner le lobbying du propriétaire anglais de Darty, le groupe Kingfisher, lors de la rédaction de la directive. Ils parviennent à faire mentionner le recours possible aux entreprises d'insertion. Jean-Noël Labroue apportera aussi la solution de financement de l'éco-organisme par une éco-contribution prélevée sur le prix de vente de chaque produit. « J'avais vu le système fonctionner dans notre filiale hollandaise », explique-t-il. Une éco-contribution qui va se systématiser au fil de la création de nouvelles filières REP.

La chance d'Envie a été que ces deux architectes de la REP étaient aussi des promoteurs d'Envie et même des administrateurs. André Boiteau se souvient bien de cette période : « L'idée de se lancer dans les DEEE n'a pas fait l'unanimité. Certaines associations n'étaient pas prêtes financièrement et on se disait qu'on perdait notre âme à créer des sociétés commerciales pour se lancer sur un marché si concurrentiel. Les représentants des grandes marques qui étaient à notre conseil d'administration ont été virulents dans leurs arguments: "Si vous n'y allez pas, vous allez crever parce que vous perdrez vos approvisionnements." Ça a été un moment très important. Il fallait y aller car nous avions déjà mesuré les difficultés d'un approvisionnement aléatoire. Cette nouvelle donne était pour nous une garantie de pouvoir nous développer et avoir du matériel de meilleure qualité que celui qu'on récupérait en déchetterie.»

Chaque entreprise Envie gardait toutefois la liberté d'y aller ou pas. Certains se lancent sans attendre, comme Pierre Guyot à Nancy, Franck Zeitoun à Toulouse, Jean-Yves Doisy à Envie Nord. Ce dernier raconte: «Je fais l'étude en 2003 et on démarre à Lesquin en 2004 avec une première activité de collecte et déconstruction d'appareils non réemployés. C'était deux ans avant le décret français lançant la filière REP. Nous étions convaincus qu'il y avait des métiers à faible qualification, adaptés pour faire de l'insertion, et ce malgré la complexité des produits, sur de la manutention, du transport, de la pesée, etc. Nous avons aussi fait le choix de privilégier autant que possible des opérations qui priorisaient le recours à la main-d'œuvre.» Envie Nord 2E créera en 2005 une chaîne de démantèlement des réfrigérateurs (ce qui implique de neutraliser les réservoirs de gaz réfrigérants, qui sont des polluants), ainsi qu'une chaîne récupérant les tubes cathodiques des téléviseurs. D'autres suivront.

Pendant ce temps, les négociations continuent pour ériger le nouvel édifice de l'éco-organisme. «Avec Jean-Noël Labroue, nous poussons tout de suite l'idée d'intégrer l'ESS. Nous organiserons plusieurs dîners avec Daniel Derichebourg, président du groupe Derichebourg, dont l'entreprise gérait de gros volumes de déchets et qui avait toujours affiché son soutien à l'économie sociale et solidaire», raconte Christian Brabant.

Intégrer le réemploi, en plus du recyclage, dans la chaîne de la filière REP était une façon de promouvoir une solution à forte valeur ajoutée, mais obtenir l'accord de tous les professionnels sur ce point nécessitait d'écarter une stratégie de filière REP au rabais. La convergence de vues entre le distributeur Darty, qui pesait lourd, Derichebourg et Whirlpool apportait du crédit à cette option. «Ça a été un combat long et dur, mais il fallait un maximum de monde autour de la table. J'y passais la moitié de mon temps, se souvient Christian Brabant. La directive nous a aidés car elle permettait de créer cette éco-contribution qui était visible pour le consommateur et qui apportait à l'éco-organisme les moyens de développer tout cela.»

Une expérimentation de la filière à Nantes

Pour continuer de convaincre tout ce petit monde, une étude-action est commandée sur un territoire pilote afin d'évaluer si et comment, concrètement, une filière de collecte, de démantèlement, de réemploi et de recyclage pourrait fonctionner. Fréquence de collecte, poids, volumes, typologie de lieux de collecte : tout devait être passé en revue. C'est l'agglomération de Nantes qui est choisie pour cette étude. À Nantes, Envie 44, dirigée par Philippe Fieux, fonctionne bien et dispose d'un très bon gisement d'appareils. Christian Brabant décide par ailleurs de confier la coordination de l'étude au cabinet Terra, c'est-à-dire à Jacques Desproges. Ce dernier connaît bien Philippe Fieux, car il a accompagné Envie Développement lors de la création d'Envie 44 et a participé à son embauche.

«Il ne fallait pas se planter. Nous allions pouvoir démontrer que nous n'étions pas que des acteurs du social qui contribuaient à ce que personne ne reste sur le côté du chemin, mais que nous étions aussi des pros et que le réemploi n'allait pas alourdir la chaîne, raconte Philippe Fieux. Nous avons montré aux marques que nous respections leurs produits, que nous assumions la responsabilité de ce que nous vendions avec la garantie.»

«Pour les entreprises de collecte et de démantèlement, nous étions des centres de regroupement, rien d'autre. Cela voulait dire qu'il ne fallait pas de grain de sable dans la gestion des flux, alors qu'on allait voir arriver des volumes qu'on n'avait jamais connus. Ces entreprises allaient, en plus, nous demander d'assurer la traçabilité de ce qui entrait et sortait de chez nous. Nous sommes alors passés aux systèmes de codes-barres avec des lecteurs électroniques, la balance connectée pour les camions, et un outil informatique de reporting afin de fournir les données tous les mois à la filière. Au début de l'étude-action nous traitions 2,5 kilos par habitant et par an, donc 1 250 tonnes. À la fin de l'étude-action, ce chiffre avait doublé», se souvient Philippe Fieux.

Et le projet social dans tout ça? À l'instar de Jean-Yves Doisy, qui voyait dans cet élargissement du spectre d'activité une opportunité de nouveaux supports pour des parcours d'insertion, Philippe Fieux identifie un effet positif fort: «J'ai vu les salariés très fiers. Cette activité permettait d'enrichir leur travail, sans compter que nous passions à d'autres technologies avec les douchettes pour lire les codes-barres. J'ai vu les bénéfices pour aller plus loin dans la professionnalisation. À l'évidence, tout cela a enrichi la partie insertion.»

«Je n'ai pas eu trop de mal à convaincre les professionnels de l'intégration du réemploi et de l'ESS dans la filière REP, parce qu'Envie faisait ses preuves à Nantes et que ça impressionnait tout le monde», s'enorgueillit Jacques Desproges.

Le réemploi solidaire va donc gagner sa place d'acteur compétent dans la chaîne industrielle des DEEE. Mais un élément reste à déterminer: comment garantir les gisements destinés au réemploi? La traçabilité est une question stratégique: il faut savoir à qui appartient tel flux de collecte, tel type d'appareil. Cela peut dépendre des objets, de leur provenance, de qui les a collectés. Finalement, la mise en place d'éco-organismes a permis d'établir une règle relativement simple mais terriblement efficace et utile à l'ESS. Dès lors qu'un produit électroménager est collecté, il appartient à l'éco-organisme. À charge pour lui de répartir le travail par des appels d'offres territoriaux pour déterminer qui collecte, qui est centre de regroupement, qui est capable de trier, réemployer ou démanteler.

C'est donc en 2006 que s'installe un système déjà éprouvé dans le cadre du partenariat entre Envie et Darty, mais qui va devenir la norme. La règle du «un pour un»: un distributeur livrant un appareil neuf à son client a l'obligation de lui proposer de récupérer l'ancien. Tout objet récupéré de cette manière devient la propriété de l'éco-organisme (Ecosystem en l'occurrence) et chaque distributeur organise le regroupement des appareils sur ses plateformes. C'est à Ecosystem, ensuite, d'attribuer par lot ces équipements à des entreprises de réemploi, lesquelles étaient toutes des structures de l'ESS à cette époque.

«C'était la première fois qu'on rédigeait un paragraphe qui recommandait l'intervention de l'ESS. Par la suite, à chaque nouvelle filière REP, nous avons travaillé pour retrouver cette introduction de l'ESS comme acteur opérationnel des filières d'économie circulaire», se réjouit Jacques Desproges.

Dès 2006, Envie se met à collecter et à réemployer des machines dans le cadre d'une convention signée avec Ecosystem, l'un des trois éco-organismes agréés par l'État et le plus gros de la filière. Il rassemble dans sa gouvernance fabricants et distributeurs, qui représentent 80% du chiffre d'affaires du secteur. Christian Brabant en a pris la direction et quitte alors le conseil d'administration d'Envie.

Faire et apprendre en faisant

Parallèlement, on voit pousser les nouvelles entités Envie 2E. Celles-ci sont créées sous forme de filiales dont le capital est détenu à 100% par l'association Envie du territoire. Elles vont se lancer sur les appels d'offres de la collecte (auprès des déchetteries, des entreprises), de la dépollution et du démantèlement des frigos et des écrans de télévision. «En 2006, nous nous lançons par peur de perdre les sources d'approvisionnement qui nous permettaient de faire de l'insertion», explique Cindy Héronville, directrice d'exploitation d'Envie Occitanie. Elle a été embauchée en 2005 par Franck Zeitoun, qui dirige Envie Toulouse. Elle sort tout juste diplômée de son école de commerce à Montpellier, mais connaît déjà Envie. Elle a fait un stage à la fédération en 2004 pour préparer le 20e anniversaire d'Envie, à Strasbourg: «J'y découvre l'ESS, l'insertion, les déchets.»

À l'époque, le dossier qui occupait la fédération était cette préparation du réseau à la filière de recyclage des DEEE. «Monter les Envie 2E, c'était le grand saut vers un autre monde. Nous avons répondu à des appels d'offres sans connaître le métier. De toute façon, personne ne savait le faire puisque c'était tout nouveau. Et moi, je me retrouve quand même à passer la capacité transport.» Cette formation à la gestion d'entreprise de transport est un prérequis pour monter une société qui fait du transport de marchandises ou de personnes. «Sans cette attestation de capacité, on ne pouvait pas répondre aux appels d'offres d'Ecosystem. Nous avons gagné des marchés, nous nous sommes équipés progressivement, nous sommes devenus des logisticiens, des prestataires reconnus pour leur savoir-faire et leur professionnalisme», résume Cindy Héronville. Faire et apprendre en faisant...

Globalement et sauf exception, tout le réseau s'embarque dans l'aventure. Afin d'affronter ce «nouveau monde» qui met les entités locales au contact d'un univers aux profils industriels et totalement concurrentiels, les Envie d'une même région sont invitées à travailler main dans la main au sein de pôles interrégionaux (Grand-Est, Normandie, Nord-Picardie, Ouest, Aquitaine-Midi-Pyrénées, Sud-Est). Elles vont plancher ensemble sur la bonne manière de répondre aux appels d'offres, sur la détermination des prix, etc. Le dialogue et la coopération régionale existaient déjà au sein du réseau, mais le défi des DEEE et la régionalisation des appels d'offres par Ecosystem stimulera cette nouvelle phase de coopération sur les territoires.

Outre la technicité des appels d'offres qu'il faut s'approprier, Envie découvre une activité, en construction, certes, mais avec de grosses entreprises qui ont leur propre culture. Comme Envie, elles viennent à la gestion des DEEE de manière contrainte, mais pour des raisons différentes. Les géants du déchet tels que Sita, la Compagnie générale des eaux (futur Veolia) ou Derichebourg sont tous là, avec leurs règles et leurs logiques respectives.

Christian Pin est devenu le président d'Envie Rhône en 2005, justement pour être de l'aventure des DEEE. Son prédécesseur craignait de perdre et l'âme du projet social et son équilibre économique. «Nous avons mis beaucoup d'énergie dans Envie Sud-Est, qui gérait la filière DEEE, quitte à délaisser un peu Envie ERG. Nous avons monté les premiers contrats avec les éco-organismes et les partenariats sur la logistique. Nous nous sommes frottés aux grosses entreprises du déchet. Je caricature un peu, mais nous étions dans le style des types à grosses bagouses et au caractère fort.

Ils voulaient faire de nous des sous-traitants à bas prix. Pour eux, nous étions le coup de peinture fraîche qui apportait une coloration sociale leur permettant de travailler avec les éco-organismes.»

Chaque territoire aura sa propre histoire. En Île-de-France, Alfred Barany, qui a géré un syndicat intercommunal des ordures ménagères durant une bonne partie de sa carrière, devient administrateur d'Envie à la Plaine-Saint-Denis lorsqu'il part à la retraite, en 2003. Il prend la main sur le projet d'Envie 2E avec sa connaissance du secteur. Lui aussi connaît Daniel Derichebourg, qui a la réputation d'être un patron social. «Nous avons commencé en travaillant sur leur site à Gennevilliers, se souvient-il. Ils avaient un gros broyeur. Et nous, nous faisions du démantèlement manuel. Vous imaginez? On a commencé à coups de marteaux sous un auvent en plastique, avec les équipes de Derichebourg juste à côté. Et puis nous avons déménagé, nous avons acquis un déchireur, qui nous permet de mécaniser la première étape de démantèlement, ça n'a plus rien à voir.»

Les conditions de travail sont en effet difficiles, surtout pour des salariés en parcours d'insertion. Le turn-over est élevé et les sorties sèches (sans réinsertion) plus importantes. Cela interroge le réseau sur la réalisation du projet social dans les nouvelles entités Envie 2E. La question ne porte pas tant sur le statut commercial des entreprises que sur la capacité à faire de l'insertion à partir de l'activité logistique et démantèlement. Les Envie 2E n'ont pas à verser de dividendes à des actionnaires. Au contraire, chaque euro d'excédent est réinvesti dans l'entreprise, ce qui permet de renforcer l'outil industriel, d'améliorer les conditions de travail et de favoriser l'objectif social. Mais elles sont prises aussi dans la nécessité d'apparaître comme concurrentielles, afin de pouvoir remporter les appels d'offres des éco-organismes. Et pendant que les concurrents mécanisent et automatisent au maximum leurs chaînes pour optimiser leur productivité, chez Envie, on tente de construire des process qui soient performants tout en étant de bons supports d'insertion pour les salariés. Cela passe par le maintien de tâches manuelles ou tout du moins non automatisées.

Envie 2E Nord, par exemple, avait obtenu le marché du traitement des tubes cathodiques et monté une chaîne en 2008. «Nous avions conçu des postes de travail pour extraire les différentes matières des tubes cathodiques avec des systèmes d'aspiration des métaux lourds et des terres rares, explique Jean-Yves Doisy. Quand les écrans plats sont arrivés sur nos chaînes, nous avons visité le site d'un concurrent. Sa machine traitait une tonne par heure avec une seule personne ! Cependant, avec nos méthodes manuelles, nous obtenions des morceaux très propres et très bien triés. C'était beaucoup mieux que le tri mécanique, ce qui nous apportait un delta sur la valeur de revente. Voilà comment nous étions capables de "vendre" de la main-d'œuvre dans nos appels d'offres. »

L'un des ressorts de parcours d'insertion réussis passe par la qualification des salariés en fin de parcours. C'est ce qui explique qu'Envie ait « inventé » les métiers du réemploi et du recyclage, dans le sens où la fédération orchestre des parcours qualifiants avec des partenaires de la formation comme l'Afpa. Par exemple en créant le certificat de qualification professionnel de magasinier-valoriste ou encore de vendeur ERG. Le même travail sera fait sur les activités de logistique et démantèlement des DEEE.

Crise des subprimes et Grenelle de l'insertion

Deux autres événements marquent cette fin de décennie et prennent leur source en 2008. La crise des subprimes, qui va faire vaciller la planète finance et contracter l'activité économique et l'emploi des années suivantes, et le Grenelle de l'insertion, conduit par Martin Hirsch, Haut-Commissaire aux solidarités actives contre la pauvreté, pour compléter sa réforme du RMI, qui deviendra en 2009 le revenu de solidarité active (RSA).

Face à la menace d'une baisse des ventes issues du réemploi, un pôle de redynamisation ERG est mis en place par la fédération. Une autre raison justifie cette mobilisation au niveau de la tête de réseau : le déploiement d'unités mobilisées sur les DEEE monopolisait l'attention des directions et des gouvernances, qui oubliaient quelque peu les éventuelles difficultés que rencontrait l'activité historique d'Envie.

Le Grenelle de l'insertion se déroule durant l'année 2008. Il débouche sur une volonté de simplification des types de contrats d'insertion et sur une ambition globale d'augmenter le nombre de postes. Les entreprises du réseau sont prêtes à y contribuer. Mais, finalement, les restrictions budgétaires opérées par l'État jusqu'en 2010 réduisent globalement l'enveloppe de postes disponibles. En 2010, un cinquième des entreprises du réseau Envie n'auront pu obtenir l'ouverture de tous les postes demandés.

Malgré la crise économique, quelques échecs et une densité incroyable d'activité et d'innovations, cette troisième décennie se termine sur un bilan positif. Près de deux mille personnes sont salariées au sein du réseau, composé d'une quarantaine d'entreprises. L'année 2010 n'affiche d'ailleurs aucune fermeture d'entités et les ventes d'ERG sont en progression après une légère baisse en 2009. Près de 65 000 appareils sont vendus dans le réseau. Une hausse de 5 %, alors que la concurrence des enseignes *low cost* (type Électro Dépôt) et la vente en ligne sur internet se font de plus en plus vives.

Côté DEEE, le marché est encore jeune et la valse des appels d'offres incite à structurer le réseau dans les grandes régions établies dès 2006. Envie couvre plus de 30 % des marchés alloués par Ecosystem et traite 100 000 tonnes de déchets par an. Le Petit Poucet de l'ESS a pris sa place parmi les géants !

Le réseau est en train de réussir sa mue, mais certains stigmates restent présents. La question de la gouvernance demeure problématique. Toute volonté de centralisation des outils est perçue dans le réseau comme une atteinte potentielle à l'autonomie. La montée en charge des DEEE conduit certaines structures à devenir progressivement de très grosses PME, avec l'ambition de passer le cap du groupe économique régional.

Un chantier de création d'un système informatique unifié a été mis en route en 2008. Mais, en 2010, plus rien n'est clair et la légitimité de la fédération à porter ce projet est remise en cause par le réseau. Un autre chantier avance : celui de la gouvernance, qui va déboucher l'année suivante sur un renforcement des organisations régionales.

Inauguration d'Envie Franche-Comté – 2005 / DR

Célébration des 20 ans du réseau Envie – 2004 / DR

L'atelier «froid» à Envie Franche-Comté – 2005 / DR

Le magasin d'Envie 44 et un vendeur – 2006 / DR

Le hangar d'Envie 35 – 2006 / DR

Des travailleurs d'Envie Strasbourg attendent leur tour pour la pesée des lave-linge – 2006 / DR

Un atelier et ses pièces détachées – 2006 / DR

2012-2024
La résolution du complexe du poulpe

En 2012, Envie, c'est plus d'une quarantaine d'entreprises (ERG et 2E confondues), environ deux mille salariés en insertion ou permanents et une vitalité incroyable. Moins de dix ans après le lancement de la filière REP sur les déchets électriques et électroniques, Envie est passée d'une activité de réemploi et de vente d'électroménager garanti à la loi des appels d'offres, des marchés de logistique, de démantèlement de réfrigérateurs ou de téléviseurs à écran plat. Les entreprises du réseau se lancent dans des expérimentations de filières : certaines ont tenté la vente sur les marchés de plein vent, d'autres ont remporté des marchés de collecte d'encombrant. Certaines entreprises font même du recyclage de matelas, comme à Nancy ou en Gironde.

Le démantèlement de réfrigérateurs est le quotidien à Strasbourg, à Lesquin et ailleurs encore. Ces entreprises ont décroché l'agrément propre à cette activité, qui nécessite des compétences spécifiques pour sécuriser la récupération des gaz réfrigérants, hautement polluants. Elles ne savaient pas comment faire, alors elles l'ont fait en cherchant, en apprenant tout simplement, parce que chaque nouvelle activité permettait de se renforcer et de nourrir la mission d'insertion que chaque entreprise porte.

Une dernière activité n'est qu'à l'état d'idée en 2012 et débouchera un peu plus tard. Cela se passe dans la tête de Michel Drelon, le président d'Envie Anjou et par ailleurs trésorier du Comité de liaison handicap du Maine et Loire : et si on appliquait la rénovation garantie aux équipements médicaux de type chaise roulante, lit médicalisé, lève-personne ? C'est l'occasion de créer un nouveau métier support d'insertion et de vendre à prix solidaire des équipements neufs qui restent chers malgré les prises en charge par l'assurance-maladie et les complémentaires santé ou prévoyance.

« Une capacité à se renouveler tous les jours »

« J'ai fait la connaissance du réseau par le tissu des directeurs et des directrices, raconte Marie-Hélène Bailly, qui devient la déléguée générale de la fédération en cette année 2012. Je les qualifiais de magiciens. Ils laissaient l'impression qu'avec trois bouts de ficelle ils étaient capables de créer et de maintenir des entreprises avec une réelle capacité à se renouveler tous les jours. »

Autre angle de vue mais même enthousiasme de la part de Nathalie Yserd. Celle qui est aujourd'hui la directrice générale d'Ecosystem découvre Envie en faisant son parcours d'intégration. Elle vient d'arriver chez Ecosystem pour prendre en charge la relation avec les producteurs. « J'avais demandé à Christian Brabant de me faire découvrir l'ensemble des parties prenantes pour bien comprendre qui elles étaient. » Lors d'une visite, poursuit-elle, « je rencontre des personnes à la fois passionnées par la mission d'insertion qui est la leur et par les produits qu'elles ont entre les mains. Je me souviens d'un des opérateurs en insertion qui m'avait pratiquement vendu une machine à laver. Je voyageais en train donc ça n'aurait pas été très pratique, mais il avait été tellement convaincant ! Il m'avait expliqué tout ce qu'il avait mis de lui dans cette rénovation ; c'était presque un cadeau qu'il me faisait en me la vendant. »

Le modèle Envie fonctionne. Mais le propre d'une entreprise qui a soudé activité économique et activité sociale d'insertion est qu'elle multiplie ses zones de fragilité potentielles. En 2012, l'activité ERG consolidée sur l'ensemble du réseau perd de l'argent. Les enseignes à bas prix qui s'installent dans le paysage deviennent le premier concurrent d'Envie en pratiquant des prix proches de l'électroménager rénové garanti. Sur les activités liées au recyclage, on est à l'équilibre. Mais ces chiffres consolidés ne servent que de baromètre. Envie est une constellation d'entreprises et chacune mène sa vie selon son environnement économique et social lié au territoire.

Si, ici, les indicateurs sociaux et économiques sont au beau fixe, ailleurs, l'instabilité des effectifs en insertion, due à la nécessité de multiplier les recrutements de profils très fragiles, accroît les besoins d'accompagnement tout en réduisant la productivité, ce qui affecte le chiffre d'affaires. Là, un chef d'atelier qui quitte son poste crée le risque de voir la productivité diminuer, car son remplacement pourrait prendre du temps. Tout le secteur manque de techniciens qualifiés. Et chez Envie, en plus des compétences techniques et d'encadrement, il faut des savoir-être pour manager des salariés qui ont leurs vulnérabilités. Ailleurs encore, la perte d'un marché de logistique à la suite du renouvellement de l'appel d'offres peut faire perdre un tiers de son chiffre d'affaires à une Envie 2E. Sans gain d'un autre marché pour le remplacer, c'est l'équilibre économique de l'entreprise qui est en péril.

De fait, toutes les entreprises Envie ont connu des difficultés à un moment ou à un autre de leur vie. Quelques entités ont mis la clé sous la porte au cours de ces quarante années. À Marseille, à Grenoble, à Paris, etc. Des histoires douloureuses pour les protagonistes qui les vivaient avec passion, et parce que ce sont autant de personnes qu'Envie ne pourrait plus aider à retrouver une vie plus stable. Mais ces disparitions se juxtaposent à d'autres créations, fusions ou extensions. Et Envie a pu renaître là où elle avait disparu ou ailleurs, et finalement le réseau ne s'est jamais contracté. La solidarité a pris diverses formes pour venir en aide à telle ou telle structure en difficulté. Mais attention ! Nous avons affaire à des militants de l'insertion qui sont aussi des entrepreneurs et des gestionnaires : il ne faut pas qu'une aide financière, une exonération exceptionnelle de cotisation ou le rééchelonnement d'un remboursement mettent en péril une autre structure ou le réseau tout entier.

Un réseau solidaire des entités en difficulté

Par exemple, en 2012, deux Envie préoccupent particulièrement le réseau : Envie Maine, qui est l'une des pionnières de l'époque d'Envie Développement, au Mans, et Envie Trappes, dernière tentative en date d'implanter Envie ERG en Île-de-France (Envie 2E suit son cours à Gennevilliers).

En ce qui concerne Le Mans, la situation économique est critique. Mais trois cousines de l'Ouest (Envie Angers, Rennes et Nantes) apportent chacune quelques dizaines de milliers d'euros de fonds propres. Par ailleurs, la présidence de l'association est confiée au président de la fédération, Richard Debauve, ce qui est une procédure relativement fréquente dans ce type de situation, où la fédération est appelée à la rescousse. Richard Debauve est un ancien de Derichebourg ; il connaît le métier. Après plusieurs discussions et diagnostics, un plan de soutien est voté au niveau fédéral qui permet notamment d'exonérer l'entreprise de ses cotisations au réseau pour l'année. Envie Le Mans va pouvoir repartir après un regroupement de ses deux activités ERG et 2E sur le même site afin de réduire ses coûts fixes.

À Trappes, la situation est plus délicate. Créée en 2012, notamment avec l'appui de la Ville, la structure se retrouve très rapidement en difficulté. Éric Gastineau est embauché en 2013 pour redresser la barre. Il a été directeur financier de grosses PME, en a dirigé d'autres, mais court encore après le poste qui le motivera vraiment. Comme il le raconte, « la situation d'Envie Trappes était dramatique : l'entreprise avait un an, le directeur démissionnait, il n'y avait plus de trésorerie, 300 000 euros de pertes, un loyer exorbitant. L'activité avait bien démarré, mais elle s'essoufflait déjà. Il y avait un problème de qualité du produit, et puis... un magasin à Trappes, personne ne viendrait de Paris. »

Précision : Éric Gastineau était au départ candidat au poste de direction qui devait se libérer à Envie 2E Gennevilliers. Mais quand on lui parle de Trappes, il change d'avis : « Ce n'était pas très engageant, mais le projet était tellement génial et puis il y avait un atelier, un magasin... quelque chose que je connaissais déjà. » Éric Gastineau aurait probablement suivi l'avis défavorable exprimé par la plupart des dirigeants du réseau si, comme eux, il avait dû se prononcer avant la création d'Envie Trappes. Après Mitry-Mory et Saint-Denis[3], Trappes ressemblait alors à un échec annoncé. Le président, Richard Debauve, engagera pourtant le fonds de

3. Envie Saint-Denis a été une victime collatérale de la candidature de Paris aux Jeux olympiques de 2012. Elle a été délogée de ses locaux de La Plaine Saint-Denis par la Ville, qui avait besoin de libérer de la surface. C'est finalement Londres qui accueillera les Jeux et Envie Saint-Denis n'a jamais pu retrouver de toit.

solidarité de la fédération pour aider Trappes alors que les premières difficultés apparaissent.

Mais quand Éric Gastineau prend la main, il y croit. C'est le projet professionnel qu'il attendait. Il se lance. Envie Rouen l'aidera un peu. Le reste du réseau regarde, légitimement échaudé par la situation économique de Trappes. Soutenir les copains, oui, mais pas au péril de la santé du réseau. Finalement Envie Trappes existe toujours et a contribué à réinsérer des centaines de salariés. « L'activité fonctionne bien, nous avons un magasin à Paris depuis 2021, intégré au bâtiment abritant le siège de la fédération (Envie Le Labo), un projet à Montreuil ; mais, dix ans après, Envie Trappes rembourse encore sa dette et nous restons fragiles », reconnaît Éric Gastineau.

Ces deux situations rappellent qu'Envie est d'abord un réseau d'entreprises et d'entrepreneurs réunis autour d'un même objet socio-économique. Cela induit deux principes cardinaux. Le premier est celui d'une exigence éthique très forte en matière de gestion économique. Quelle que soit la taille de l'entreprise (de la petite structure de moins de vingt salariés à la société de taille industrielle qui emploie plus de trois cents personnes), elle est autonome et donc responsable de ses choix.

Le deuxième principe dérive du premier : la solidarité du réseau envers un membre en difficulté est due tant que le premier principe est respecté. Bien sûr, le fonctionnement du réseau Envie est beaucoup plus subtil et complexe que ces deux seuls principes. Mais l'exigence économique est inscrite dans ses gènes, dans les tableaux de bord économiques que Martin Spitz avait conçus avec rigueur et qu'il avait transmis à toutes les Envie en création au début des années 1990 pour s'assurer que tout le monde parte sur de bonnes bases.

La mise en place de pilotages régionaux

La gouvernance du réseau va suivre quelques évolutions sensibles à cette période. Depuis le développement des activités de recyclage et des Envie 2E, les entités ont compris qu'elles devaient davantage partager les informations sur leur situation à un niveau régional, et pas seulement pour tirer le signal d'alarme. Ecosystem ayant découpé le territoire en grandes régions pour territorialiser ses appels d'offres, c'est à cet échelon que se joue la cohésion du réseau pour les Envie 2E, ainsi que leur chiffre d'affaires. Chaque région organisait déjà une animation territoriale avec un directeur ou une directrice qui prenait le chef de filât, pour que le dialogue et l'entente se fassent entre les différentes entités. En 2014, la fédération validera le principe selon lequel le pilote régional doit être aussi celui qui représente la région au bureau de la fédération.

Nous n'en sommes pas encore à la création de fédérations régionales, mais le processus de décision s'institutionnalise ainsi un peu plus. « Nous avions aussi bâti des trames de réponse communes aux appels d'offres, mais dans les faits chaque Envie continuait de répondre seule à l'acheteur d'Ecosystem », regrette Marie-Hélène Bailly, dont l'une des missions était justement de faire progresser le réseau sur des pratiques harmonisées.

Il y a là un petit paradoxe à lever. Le réseau Envie s'est constitué au fil du temps avec une volonté de couvrir l'ensemble du pays. Il n'a jamais été question de laisser deux Envie se faire concurrence sur un même territoire. Un principe confirmé sur les marchés de recyclage, où les acteurs de chaque région se partageaient les réponses aux appels d'offres, afin qu'Envie réponde à chaque fois que c'était possible, mais sans doublon. Et chaque entreprise garde pour elle le détail de ses pratiques et les prix fixés dans ses réponses aux appels d'offres. C'est en somme la culture de l'indépendance.

En 2014, Richard Debauve ne se représente pas à la présidence d'Envie. Marie-Hélène Bailly se met en quête de candidats. Depuis que la fédération existe, en 2002, et à l'exception des toutes premières années, la présidence est confiée à une personne externe au réseau. La déléguée générale entre en contact, début 2014, avec Anémone Berès, qui est directrice du livre pour l'ensemble des magasins Fnac. Marie-Hélène Bailly a elle-même travaillé dans cette enseigne. Elle voit en elle une forte personnalité, avec un profil de développeuse. C'est elle qui a lancé Fnac Junior, qui deviendra ensuite Oxybul. « La Fnac était un réseau très décentralisé avec des personnes très engagées, qui faisaient leur métier par passion. Marie-Hélène Bailly y a vu des points communs avec Envie», se souvient Anémone Berès.

En juillet 2012, elle est élue présidente face à deux autres candidats. «Ce qui est formidable, c'est ce triptyque d'une économie sociale, environnementale et entrepreneuriale. [...] Je n'avais pas la vision stratégique du développement, mais celle d'un potentiel, sur la base de la qualité rare des dirigeants (ce profil de mouton à cinq pattes). Et j'avais la vision de l'équation inhérente au réseau : central ou local, local ou central. Évidemment il fallait des deux, mais c'était une équation.»

Premier étonnement de la nouvelle présidente : en 2014, Envie a trente ans. Or rien n'est prévu pour fêter cet anniversaire ! Les cent premiers jours de son mandat seront consacrés à l'organisation d'un événement. L'occasion de démontrer sa capacité à mobiliser en interne mais aussi à l'extérieur autour d'Envie. Elle obtient l'accompagnement *pro bono* d'un grand cabinet spécialisé en événementiel, s'attache les services d'une agence de relations presse et sollicite Serge Bloch, l'illustrateur de *Max et Lili* et de *Sam Sam*, pour créer un personnage à casquette qui incarne l'image d'Envie. C'est à ce moment-là que l'identité graphique d'Envie prend sa forme actuelle, avec ce logo d'un E formé de deux mains qui s'entrelacent. C'est aussi à cette occasion que va se créer le lien avec la Ville de Paris. L'événement anniversaire se déroule place de la République, au cœur de la capitale. Une trentaine de personnalités apportent leur témoignage sur Envie, dont Alain Juppé, Martine Aubry, Corinne Lepage ou encore Louis Gallois.

Envie Le Labo, nouveau siège de la fédération

Le lien créé avec les édiles de la capitale permettra de lancer un autre projet marquant pour le réseau : installer Envie à Paris. Le siège de la fédération était situé à Pantin, en Seine-Saint-Denis, depuis 2008, après avoir été domicilié à la Plaine Saint-Denis. L'histoire avait montré combien il était difficile de créer une Envie ERG à Paris – sauf à bénéficier d'une volonté politique. C'est ce que trouvera Anémone Berès auprès de la Ville, qui soutiendra fortement la création d'un lieu. Ce lieu, Envie Le Labo, sera inauguré en 2021, alors qu'Anémone Berès n'est plus présidente de la fédération depuis le printemps 2019. Il abrite aujourd'hui les bureaux de la fédération ainsi que des espaces dédiés à l'économie circulaire, intégrés au quartier de Ménilmontant : magasin Envie, atelier de réparation, conférences, événements, etc. Envie Le Labo devient le lieu des savoir-faire circulaires, qui plus est dans un bâtiment neuf et entièrement écoconçu.

Entre-temps, la vie du réseau s'est dégradée. Marie-Hélène Bailly quitte son poste en 2015, faute d'entente avec la présidente qu'elle a elle-même contribué à introniser. Nathalie Bartman, à Dijon, se souvient : « Anémone [Berès] est brillante mais, sur le plan relationnel, il ne fallait pas nous mettre dans la même pièce. Et les relations avec Ecosystem étaient quasiment inexistantes sur cette période. » Assez rapidement, une partie du réseau se cabre face à la volonté de la présidente d'imposer ses vues, d'autant que sa stratégie divise les adhérents : « Je défendais une vision plus intégrée du réseau, sans que la forme n'en ait été déterminée. Et je militais pour que les capacités d'investissement soient mutualisées au niveau national », explique Anémone Berès. « J'étais proche d'elle car je me suis toujours dit qu'en créant un groupe intégré, nous serions plus puissants », abonde Franck Zeitoun, le directeur général d'Envie Occitanie, la plus grosse entité du réseau, avec un chiffre d'affaires de 25 millions d'euros par an.

Envie Occitanie, Envie Aquitaine, Envie Rhône-Alpes, Envie Hauts-de-France… Au mitan des années 2010, le réseau voit se dessiner un modèle d'entreprises de taille régionale, qui tantôt ont intégré des petites sœurs en difficulté (Envie Occitanie, qui absorbe Limoges, puis Nîmes ; Envie Nord, qui récupère Amiens), tantôt ont créé d'elles-mêmes des entités là où il y avait une demande (Envie Nord, par exemple, a créé Envie ERG à Pierrefitte-sur-Seine). Le fossé se creuse entre les « petits » et les « gros » et la position de la présidente va contribuer à le creuser un peu plus.

Anémone Berès annonce sa démission en mai 2019. Il faut trouver son ou sa remplaçante, qui aura à reconstruire les conditions de l'apaisement, à revitaliser l'équipe fédérale et, peut-être, à résoudre enfin l'équation de l'équilibre entre le local et le central.

Les tensions et conflits ont été exacerbés durant ces années. André Dupon, le président de Vitamine T et d'Envie Nord, raconte qu'un courrier recommandé était sur son bureau, prêt à partir un jour. «Anémone Berès voulait nous mettre au pas en nous interdisant d'utiliser la marque Envie si nous ne faisions pas une association Envie Nord autonome du groupe Vitamine T. Nous avions consulté nos avocats, tout était prêt! Mais il n'est jamais parti.» Tout comme à la fin des années 1980, avec le hiatus entre les fondateurs, ceux qui restent à Strasbourg et ceux qui partent à Marseille. Tout comme au début des années 2000, quand la fédération remplace Envie Développement. Le projet va tenir le réseau et personne ne cherchera à le quitter.

La révolution Envie Autonomie

Envie a toutefois gagné en visibilité auprès des politiques et du grand public durant cette période. C'est d'ailleurs en 2017 qu'Envie fonde, avec d'autres, le «Green Friday» pour défendre des modes de consommation plus sobres face aux folies consuméristes déclenchées par les opérations Black Friday venues des États-Unis. Alors que les enjeux de gouvernance et les luttes de pouvoir envenimaient les rapports au sein de la fédération, la vie continuait, et en 2015 naissait Envie Autonomie. Cette structure n'est pas simplement la énième diversification d'activité imaginée par l'une des entreprises du réseau; elle est la preuve de la capacité d'Envie à s'adapter au contexte jusqu'à dépasser ses propres limites. Car, pour la première fois, Envie va créer une structure nationale pour commander le développement de cette nouvelle activité, sans que les entreprises locales ne se sentent dépossédées de leur pouvoir d'agir.

Petit rappel des faits: en 2012, l'idée de créer une filière d'«aides techniques» (terme qui recouvre les équipements d'assistance médicale tels que les fauteuils roulants ou les lits médicalisés) rénovées et vendues à prix solidaire germe du côté d'Envie Angers. Philippe Robin, qui dirige l'entreprise, lance l'étude de faisabilité. Où se trouve le gisement d'équipements, est-il facile de le rénover ? De quelle manière est-il possible de le revendre ? Comment convaincre l'Assurance maladie d'appliquer la prise en charge de ces équipements reconditionnés au même titre que les neufs ? Un vrai chemin de croix.

Il faudra trois ans pour aboutir à la création d'Envie Autonomie. D'abord, vérifier l'existence d'un gisement : soixante établissements médicaux et médico-sociaux sont visités et interrogés en quatre mois, six cents équipements de tous types collectés. Le potentiel est là. Mais, sur l'analyse des besoins, il n'y a pas de consensus entre les parties prenantes. D'un côté, les associations de familles de personnes en situation de handicap relatent la difficulté de certains à s'équiper. De l'autre, l'Assurance-maladie relève que son budget social n'est jamais utilisé dans sa totalité. Une phase de recherche et développement grandeur nature est lancée en Anjou. Un bâtiment de 800 mètres carrés, un chef de projet, un technicien et deux postes en insertion. « La première année, nous avons distribué deux cents aides techniques, principalement des fauteuils, raconte Philippe Robin. Mais nous avions des demandes pour des fauteuils électriques qui venaient de partout ! »

Le besoin existe, le gisement aussi et, alignement des astres, la Caisse nationale de solidarité pour l'autonomie (CNSA) lance à ce moment-là un appel à projets pour stimuler l'économie circulaire dans les activités liées à la dépendance. Nous sommes en 2015. Philippe Robin présente le projet lors d'une rencontre nationale et cinq Envie sont intéressées : Angers, Nantes, Nancy, Lyon et Nouvelle-Aquitaine.

Aujourd'hui, Envie Autonomie, ce sont dix-sept établissements, près de huit mille aides techniques rénovées et garanties qui sont vendues chaque année et cent vingt-cinq salariés, dont une cinquantaine en parcours d'insertion. Et pourtant, malgré la pertinence du projet reconnue par la CNSA, les fonds alloués au niveau départemental et les multiples soutiens reçus, la prise en charge par l'Assurance maladie de l'achat d'aides techniques reconditionnées n'est pas encore possible. Un gros lobbying a été fait lors de la loi anti-gaspillage pour une économie circulaire (Agec) de 2020 et a permis d'obtenir cette prise en charge. Mais depuis… on attend le décret d'application de la mesure.

L'autre innovation que porte Envie Autonomie est celle de la gouvernance de ce projet. Depuis le début de cet ouvrage, vous entendez l'histoire d'un réseau qui raconte les éclairs de génie et les bouffées d'énergie de ceux qui ont fait Envie, mais aussi les conflits et la difficulté à trouver le bon équilibre pour que le réseau se développe de manière optimale, sans défaire l'autonomie des entreprises membres. « C'est vrai que nous ne sommes pas toujours très disciplinés chez Envie, reconnaît Philippe Robin. Mais nous échangeons énormément entre nous et nous sommes des entrepreneurs. Alors quand la CNSA nous dit : "Structurez-vous et pilotez la sécurité sanitaire et technique des appareils reconditionnés au niveau national pour garantir la même sécurité sur tout le territoire", eh bien il n'y a pas d'autre choix. On le fait. »

Le donneur d'ordre l'impose, alors le réseau suit et cherche le bon modèle d'intégration d'un projet qui devra se développer nationalement, mais sur les territoires où une entreprise Envie souhaite s'impliquer. « Nous avons étudié plusieurs options, dont la franchise ou la société en commandite par actions. Mais nous avons choisi la société coopérative d'intérêt collectif (Scic). Elle devra jouer le rôle de développeur du modèle, de plaidoyer national et en même temps de tête de réseau », explique Philippe Robin. Aménagement des ateliers, procédures de remise en état, modes de commercialisation : tout est réfléchi dans la Scic. Mais, du fait de l'organisation de son sociétariat en différents collèges, la coopérative intègre à la fois les entreprises Envie impliquées, la fédération et d'autres parties prenantes.

« Ça a été très délicat à monter parce que ce n'était pas dans la culture d'Envie. Nous sommes des entreprises locales et la fédération est là pour nous accompagner. La revendication d'autonomie des structures est toujours là. Mais nous avons trouvé les compromis », se réjouit Philippe Robin, qui dirige désormais Envie Autonomie. La Scic devient sociétaire des entreprises régionales Envie Autonomie (une par région maximum). Les entreprises Envie du territoire qui le souhaitent peuvent également s'associer aux Envie Autonomie régionales. « Au départ, nous créions des structures régionales et la Scic était sociétaire minoritaire en voix. Maintenant, nous demandons que la présidence de la structure régionale soit assurée par la Scic nationale, ce qui est le cas en Île-de-France et en Normandie. »

La Scic nationale gère l'ensemble du développement, mais aussi l'embauche des compétences techniques, afin que l'ensemble du réseau soit conventionné par l'Assurance maladie sur la distribution. Elle est aussi le véhicule qui permet de mobiliser des fonds. Entre 2021 et 2023, elle a réussi à lever 10 millions d'euros auprès de fonds à impact, de la Banque des territoires et dans le cadre d'un « contrat à impact social[4] ». Ces fonds financent l'activité de la tête de réseau, ainsi que l'amorçage d'Envie Autonomie sur les territoires. « Nous finançons les pertes d'exploitation au démarrage », précise Philippe Robin.

La réussite du modèle de développement d'Envie Autonomie montre encore une fois la capacité du réseau à s'adapter au contexte et à faire avec ses armes. Et d'autres modèles pourraient encore apparaître à l'avenir. Pas plus tard qu'en 2024, au moment où Envie fête ses quarante ans, l'un des grands sujets est le développement d'une activité de démantèlement de panneaux solaires. Deux Envie se sont lancées sur cette activité sans en parler à personne, ni à la fédération ni à l'autre structure : Envie Occitanie et Envie Aquitaine. Chacune a opté pour une technologie différente : la première travaille avec un partenaire belge, tandis qu'Envie Aquitaine a investi dans une technologie venue du Japon, dont elle a acheté l'exclusivité d'utilisation pour trois ans.

Ces deux entreprises sont des gros morceaux du réseau, avec de forts appétits de développement portés par leurs dirigeants, Franck Zeitoun à Toulouse et Frédéric Seguin à Bordeaux. « Aucune de nos structures ne vivra sans l'autre. Et allez savoir si nous ne monterons pas une société

4. Les contrats à impact social consistent en un partenariat entre le public et le privé destiné à favoriser l'émergence de projets sociaux et environnementaux innovants. L'investisseur privé et/ou public préfinance le projet et prend le risque de l'échec, en échange d'une rémunération prévue d'avance en cas de succès. L'État ne rembourse l'investissement qu'en fonction des résultats effectivement obtenus, constatés par un évaluateur indépendant.

commune», lance Franck Zeitoun. Ce qui est fort, c'est que les deux projets ont obtenu un marché auprès de Soren, l'éco-organisme spécialisé dans le photovoltaïque. «Nous sommes une famille avec des individualités», résume Frédéric Seguin.

Une nouvelle gouvernance à la fédération

La Fédération Envie a d'ailleurs retrouvé son calme depuis 2019. Son président actuel, Jean-Paul Raillard, est le président d'Envie 44. Après Richard Debauve et Anémone Berès, le réseau a donc opté pour un recrutement interne. Il a surtout opté pour un profil qui sait ce qu'est le dialogue constructif autant que l'analyse économique des entreprises. Ancien professeur d'économie, Jean-Paul Raillard avait intégré le cabinet Syndex, spécialisé dans des missions d'expertise économique et financière auprès des représentants salariés des comités d'entreprise (devenus depuis comités économiques et sociaux). Il en avait même assuré la direction générale pendant plusieurs années et avait été l'artisan de la transformation de Syndex en société coopérative de production (Scop) en 2011.

Guillaume Balas, lui, devient délégué général de la fédération en 2020, juste après la phase covid qui ralentira le processus de recrutement effectif. Ancien professeur d'histoire-géographie, passé par la politique aux côtés de Benoît Hamon, il arrive chez Envie après avoir terminé un mandat de député européen qui le conduit, entre autres, à s'occuper de textes sur l'économie circulaire.

Le duo parvient à rétablir le dialogue et la confiance au sein du réseau, et dans les relations entre les entreprises et la fédération, comme l'explique Jean-Paul Raillard : «Le principe qui cimente le réseau, c'est que ce sont les entreprises locales qui s'occupent de leur propre développement. La fédération n'intervient pas, sauf lorsque l'initiative de la création n'est pas portée par une entreprise du réseau. Cela a été le cas pour Envie Drôme-Ardèche et Envie Caen, à qui la fédération a apporté un soutien proche de ce que faisait Envie Développement. Par exemple, Envie Drôme-Ardèche a bénéficié autant de l'accompagnement de la fédération que du parrainage du directeur d'Envie Lorraine, Pierre Guyot, à l'image de ce qui se faisait dans les années 1980 et 1990 pour chaque création d'entité. En revanche, chaque structure doit faire face à des investissements importants. Ces besoins de financement sont à chercher localement, mais aussi nationalement, pour pouvoir passer des caps. Malgré le niveau des cotisations, la fédération n'a pas nécessairement les moyens de financer ces investissements. Alors faut-il créer une société nationale d'investissement? Un rapport plaidait en faveur de cette solution. Mais je ne suis pas là pour couper le réseau en deux. Nous avons abandonné l'idée et sommes allés vers une fonction de recherche de financements au niveau de la fédération pour développer des projets communs à l'ensemble du réseau.»

Quand Guillaume Balas prend ses fonctions, l'équipe fédérale est en grande souffrance, minée par le management clivant du délégué général, qui a survécu seulement six mois au départ d'Anémone Berès. Tout est à reconstruire: «Ils sont huit salariés et la plupart d'entre eux veulent partir», se souvient-il. On sort alors des phases de confinement liées à la crise sanitaire. C'est aussi l'année d'adoption de la loi Agec, qui promeut toutes les pratiques d'économie circulaire et notamment le réemploi, mais oublie quelque peu l'ESS dans son rôle de pionnière, d'une part, et dans sa double fonction d'apport de valeur sociale et environnementale. Les acteurs de l'ESS, dont Envie, ne parviennent pas à obtenir la création d'un «fonds pour le réemploi» pris sur les recettes de l'écocontribution des filières REP afin de soutenir de manière pérenne le réemploi solidaire. Le plaidoyer continuera toutefois avec la loi Climat et résilience, qui permettra d'obtenir gain de cause.

Ces lois en faveur de l'économie circulaire sont autant une opportunité que la perspective d'une remise en question profonde du modèle d'Envie. Encore une. Le réemploi est valorisé par les politiques publiques, les consommateurs s'y mettent, notamment sur la téléphonie reconditionnée, mais aussi sur les vêtements. La fédération doit s'emparer de cette problématique pour défendre le réseau face aux risques d'une concurrence débridée et agressive qui pourrait arriver sur le marché du réemploi, amené à se développer. Elle doit aussi défendre le modèle singulier du réemploi solidaire qui a construit son projet, alors que les Envie étaient seules à bien vouloir de ces appareils cabossés.

Mais ce retour de l'adversité face à des marchés qui évoluent et bouleversent des équilibres patiemment dosés représente aussi une chance pour la fédération au moment de la reconstruction du réseau. La fédération y trouve une place totalement légitime : agir sur le plaidoyer, être l'interlocuteur national qui sera écouté des politiques et des éco-organismes, qui saura s'associer aux partenaires solidaires sur d'autres filières. C'est pourquoi la Fédération Envie prend toute sa place dans les débats, parfois tendus, à la table d'Ecosystem. Celui-ci travaille à un nouveau schéma directeur du réemploi pour prendre en compte la nouvelle donne et répondre à l'injonction des pouvoirs publics de faire monter la part de réemploi dans les volumes de DEEE collectés. « Nous savons montrer les dents quand il le faut, notamment quand certains nous traitent de manière incorrecte en détournant la loi », précise Guillaume Balas.

Les années 2021 à 2023 marquent par ailleurs un regain de développement du réseau avec une quinzaine de nouvelles créations. Des Envie ERG souvent de taille modeste, et dont la réussite constatée confirme qu'Envie est autant faite de structures de dimension régionale que d'unités plus petites. La cinquantaine de membres est désormais dépassée. À côté d'Envie Autonomie ou des panneaux solaires, d'autres projets apparaissent ici ou là. Envie Anjou, par exemple, développe la collecte des biodéchets – une obligation pour les collectivités depuis le 1er janvier 2024 – pour en faire un compost normé pour l'agriculture biologique. Cette fois, les partenariats se trouvent à l'extérieur d'Envie, sur le territoire angevin, où un consortium de l'ESS et de l'agriculture paysanne se structure afin de gérer l'ensemble de la filière de production.

Ce sont désormais 3 900 salariés qui travaillent et construisent leur vie sous l'enseigne Envie. Ce chiffre est tout sauf une abstraction mathématique. Car si l'on remonte quarante ans en arrière, rue Martin-Bucer à Strasbourg, lorsque les premières machines entrent dans l'atelier d'Envie Strasbourg, c'est pour créer des emplois qui n'existaient pas. Des emplois pour des femmes et des hommes qui n'en avaient pas et qui pouvaient ainsi accéder à la deuxième ou troisième chance dont ils avaient besoin.

Comment qualifier Envie en 2024? Un réseau d'entrepreneurs protéiforme? Sûrement. Anne Ozouf est l'une des benjamines du groupe. À seulement 30 ans, cette ingénieure de formation dirige Envie Clermont-Ferrand. «Envie Mains ouvertes», faut-il dire. Car la structure est portée par l'association Les Mains ouvertes, qui regroupe un ensemble d'activités sociales et socio-économiques venant en appui aux personnes en situation de précarité. Elle fait partie des «petites» Envie: «Une des clés est de se dire que les structures ont évolué en fonction des personnes et des contextes locaux. Nous sommes rassemblés en fédération, mais nous restons des entités locales. C'est pourquoi Envie Clermont-Ferrand ne peut pas être Envie Rhône, même si Clermont a beaucoup de choses à développer», souligne Anne Ozouf.

C'est aussi pour cela qu'Envie Mains ouvertes peut regarder à l'est et discuter avec Envie Rhône-Alpes, dont Guido Locatelli est en train de faire un groupe régional. Elle peut aussi regarder à l'ouest et demander des conseils à Envie Occitanie, qui s'étend de Nîmes à Limoges. Tout comme elle peut regarder le nord-est, où coexistent encore des Envie de la taille d'une belle PME comme Dijon, Strasbourg ou Envie Lorraine. Et la liste des typologies n'est pas terminée. On peut y ajouter ces Envie qui sont intégrées territorialement à d'autres structures, comme à Montbéliard, dans le Nord avec Vitamine T, ou encore à Nantes, où Envie 44 a fusionné avec une autre grande association d'insertion au sein du groupe Estille, dirigé par Dominique Fièvre.

Les grands groupes à l'organisation bien verticale, chapeautée par une holding, pourraient ricaner de ces entreprises qui ont la même enseigne mais n'en font chacune qu'à leur tête. Et si c'était ça, le secret du succès d'Envie, qui a fait plus que survivre à quarante années de défis impossibles et de bouleversements profonds? Et si le secret d'Envie était d'avoir constitué un réseau souple, d'une souplesse comme il n'en existe pas ailleurs? Un réseau où chaque entreprise évolue selon les personnes et le territoire qui la façonnent, tout en maintenant son lien avec une unité centrale où la concertation favorise la conception partagée des orientations stratégiques du réseau ?

Lors de la Coupe du monde de football de 2018, un animal peu connu pour ses allures de jeune premier avait animé les médias par ses pronostics infaillibles donnés à la veille des matchs. Il s'appelait Paul, c'était un poulpe. Ses prouesses avaient été l'occasion de rappeler que l'intelligence du poulpe était due à son système nerveux si singulier. Car un poulpe (tout comme la pieuvre, mais l'image de cette dernière a été trop utilisée pour désigner les mafias) ne dispose pas d'un, mais de plusieurs cerveaux. Plus précisément, l'animal dispose d'un système nerveux central connecté à des réseaux neuronaux très développés dans chacun des tentacules. Alors, évidemment, lorsqu'on observe un poulpe, les mouvements désordonnés de ses tentacules nous ramènent à l'idée que chacun n'en fait décidément qu'à sa tête. Mais pendant que chaque tentacule s'agite, le système nerveux central, lui, se concentre sur son environnement, notamment pour prévenir les attaques de prédateur ou repérer sa proie. Et si l'on observe maintenant un poulpe en pleine action, on voit qu'il est tout aussi capable de déployer une force colossale pour s'emparer d'un poisson plus lourd, de se propulser à grande vitesse dans l'eau, de maîtriser l'ouverture d'un bocal pour boulotter le crabe qui y est enfermé ou de se glisser dans les moindres anfractuosités des rochers pour se cacher d'un prédateur.

Adaptation, agilité, puissance et ingéniosité : ceux qui sont attachés à Envie et admiratifs de son parcours saluent ces qualités autant qu'ils notent son complexe d'avoir, de temps en temps, quelques comportements désordonnés. Mais la nature du poulpe est ainsi. Et de fait, au moment de refermer la page de l'histoire la plus contemporaine d'Envie, et en attendant que s'écrive la suite, il est possible de dire qu'à 40 ans Envie est devenue un projet adulte qui a dépassé son complexe du poulpe.

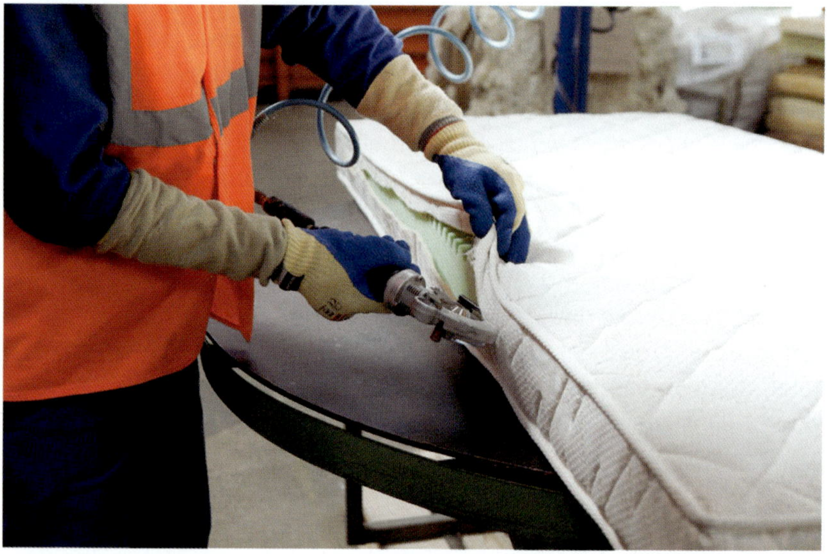

L'activité de traitement et de valorisation de matelas
à Envie Rennes – 2013 / © Christophe Vial

La chaîne de tri à Envie Strasbourg – 2013 / © Christophe Vial

Un entrepôt à Envie Anjou avec ses rangées d'équipements électriques et électroniques collectés – 2010 / © Christophe Vial

Des micro-ondes de générations différentes dans l'atelier d'Envie Trappes – 2013 / DR

Des équipements parés pour la pesée et la traçabilité – 2015 / DR

Le bâtiment d'Envie Le Labo, magasin, éco-lieu, vitrine du savoir-faire du réseau Envie et siège de la Fédération – 2021 / © Tarik Yaïci

Le magasin et atelier Envie à Caen – 2022 / DR

Le centre de traitement de panneaux photovoltaïques à l'atelier de Saint-Loubès – 2022 / DR

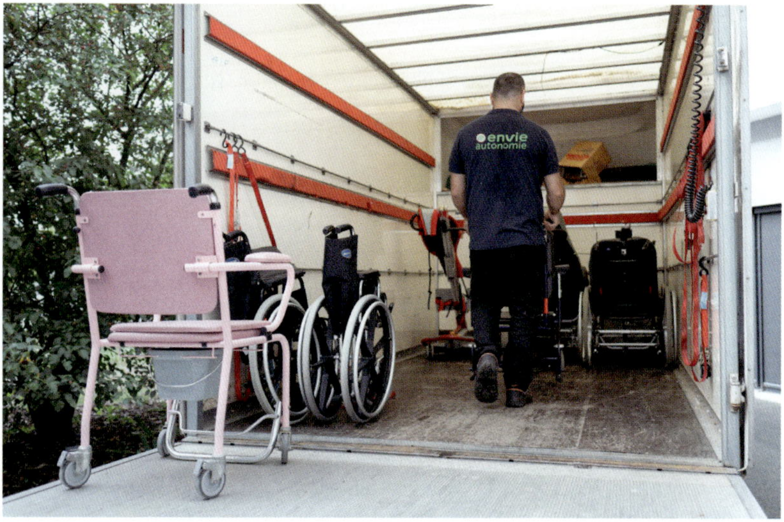

Un salarié d'Envie Autonomie en train de charger du matériel médical reconditionné, prêt à être livré / © Grégoire Maisonneuve

Un salarié d'Envie Autonomie réparant un fauteuil roulant / © Grégoire Maisonneuve

Des camions d'Envie 2E Bourgogne – 2014 / DR

Lors du séminaire des présidents et des directeurs
du réseau à Montbéliard – 2022 / DR

Remise de diplômes de la promotion TSPE (technicien spécialisé en produits électroménagers) – 2022 / DR

Une salariée d'Envie Toulouse prête à partir en tournée / © PH Jacob

À Envie Anjou, l'arrivée d'un camion et de son chargement / DR

Des lave-linge sur le point d'être rénovés à Envie Orléans / © Alain GOULARD

À Gennevilliers, dans un centre Envie 2E, spécialisé dans la collecte, le traitement et la dépollution des déchets d'équipements électriques et électroniques (DEEE) non réparables / © BH

Remerciements

Philippe Chibani-Jacquot remercie très sincèrement toutes celles et tous ceux qui ont accepté de partager leurs histoires d'Envie pour qu'elles ne fassent plus qu'une dans cet ouvrage.

Merci à Pierre, Pepette, Anne, Rémi, Baptiste, Camille, Emie de m'avoir prêté un bout de toit, un coin de table et beaucoup plus encore pour que ce récit puisse exister.

Maïssane, Anwar, merci d'avoir été là.

Achevé d'imprimer en septembre 2024 par Espace Grafic
Pol. Ind. Mutilva Baja C/G n° 11 – 31192 Mutilva Baja – Espagne
Dépôt légal : octobre 2024